Patricia es su nombre de guerra

Raquel Heredia

Patricia es su nombre de guerra

Confesiones de mi hija, yonqui y prostituta de lujo

temas'de hoy. en primera persona

Colección: En Primera Persona

Paseo de Recoletos, 4. 28001 Madrid
Diseño de colección: Rudesindo de la Fuente
Fotografía de cubierta: Superstock
Fotografía de la autora: Carlos Miralles
Primera edición: abril de 2002
ISBN: 84-8460-200-1
Depósito legal: M-12.879-2002
Compuesto en J. A. Diseño Editorial, S. L.
Impreso en Lavel S. A.
Printed in Spain–Impreso en España

Índice

Prólogo

Hace más de un año que mi hija pequeña, también adicta al caballo como su ya fallecida hermana que era diez años mayor que ella, empezó a contarme cuál era su «trabajo», agobiada por el peso del mismo. El relato se ha ido alargando durante todo este tiempo porque nunca coincidían los horarios: ella sale, compuesta y a «buscarse la vida», a la hora que yo me dispongo a dormir y cuando regresa, de madrugada o a primera hora de la mañana, o aún duermo o me acabo de levantar. Sus monólogos, que a veces interrumpo, los he ido grabando para después poder oírlos y trasladarlos al papel; con cada cinta me iba quedando boquiabierta, porque los horrores que esta criatura vive a diario, para satisfacer a su exigente dueño, el caballo negro, de ojos de fuego, el mortífero jaco o heroína, burro, marrón, jamaro... son infinitos y sólo comparables a los del Infierno del Dante o a los que relata la Biblia.

¿Por qué quería que yo supiera a qué se dedicaba desde hacía cinco años o más? —seis se han cumplido en enero de la muerte de Ada—. Esa necesidad estaba en función del deseo de dejarlo o al menos de intentarlo; yo era, por así decirlo, su último reducto; otros, como los CAD, los centros terapéuticos, los tratamientos aleatorios y carísimos de los psiquiatras desaprensivos que engañan tanto a los adictos como a los padres, que son los que pagan, habían fallado y, harta, aburrida y obligada a luchar en un mercado cada vez más difícil desde que los gobiernos conservadores hoy en el poder creen solucionar los graves problemas sociales y en este caso de salud individual y pública, con medidas represivas que no favorecen más que a los traficantes y a los camellos, que ven crecer sus arcas adulterando las drogas con productos nocivos para la salud hasta el punto de resultar mortíferos y echando a las fuerzas del orden público a la calle para «castigar» a los desgraciados yonquis y a los camellos de poca monta que sólo encuentran cobijo con un poco de suerte en la narcosala de Madrid, la única en España, creo, o en las asociaciones caritativas que ofrecen calor, café y un catre...

Éste, a grandes rasgos, es el panorama. No quiero con ello disculpar a los drogadictos y mucho menos a mi hija. Todos los días oímos en los medios de comunicación, a través de mensajes publicitarios o en mesas redondas convocadas al efecto, que son enfermos y que como tales deben ser tratados; desgraciadamente y sólo en el caso de que lleguen a contraer sida, tuberculosis, hepatitis en estado avanzado, sífilis o enfermedades contagiosas de transmisión sexual o sanguínea, son tratados como enfermos y la sanidad pública se hace cargo de ellos; de lo contrario y de ello habla mi hija en las páginas siguientes, no les dan ¡ni agua!... Por desgracia, sé mucho del tema, después de que mi querida hija mayor Ada, ya fallecida como he dicho, estuviera metida en el mundo de la droga, concretamente del caballo, hasta morir víctima de la plaga diezmadora de nuestro tiempo que no es otra que el Síndrome de Inmuno Deficiencia Adquirida o en siglas, S.I.D.A. Como madre, pero sobre todo por mi profesión de periodista, me metí hasta el fondo de este submundo y lo conozco casi tan bien como los propios yonquis y, sin temor a equivocarme, infinitamente mejor que los expertos en drogas y las fuerzas represivas. Por decirlo crudamente, soy una más en la legión de colgados que acuden puntualmente al extrarradio de las grandes ciudades, allí donde se amontona la mierda, la miseria y el desamparo, que en Madrid se llama en la actualidad el Vertedero y en Sevilla el barrio de las Tres Mil Viviendas, creo, y no recuerdo cómo en otras ciudades que he visitado, lugares en los que la gran señora es la Muerte. ¡Triste experiencia!, dirán algunos; en efecto, no triste, tristísima, dramática, pero quizá el único y efectivo remedio para no caer... Hace tiempo que lo venía diciendo: «Que metan cámaras de televisión en las plantas de infecciosos de los hospitales y en los poblados de gitanos, esos que llaman los supermercados de la droga»... Han empezado a hacerlo y el resultado, a mi modo de entender, ha sido más represión. ¡No, por favor!, porque para eso, yo les rogaría que lo dejen como estaba...

Por otro lado, todo el tiempo que he tardado en transcribir las páginas que, si ustedes tienen valor, van a leer a continuación, espero que sirva para algo, porque de no ser así, me podría haber ahorrado el suplicio en el que he vivido el último año, el insomnio, la inapetencia y la tristeza que día a día me ha producido el escalofriante relato de la vida de mi hija, «mi último bebé», como yo la llamé hace años en un poema a ella dedicado. He sufrido tanto que se me nota en el rostro, en el carácter, como cuando escribí *La agenda de los amigos muertos*, publicada en 1998 y que cuenta la vida, avatares y muerte de mi hija mayor; tuvo un gran éxito y se vendieron muchos ejemplares, pero aparte, y es lo importante, aún hoy me llaman padres angustiados para que los aconseje... Con el corazón en la mano, no puedo, no sé qué decirles y creo firmemente que lo que más cala en el corazón y en la conciencia de la gente son los hechos vividos y contados en primera persona, en este caso por una adicta. La conclusión a la que se llega es muy clara: «NO, NO Y MIL VECES NO», hay que saber decir NO; nos lo aconseja la televisión y yo se lo pido a todos los jóvenes y a los que ya no lo son, que se encuentren ante la tentación de las drogas, hoy en día presente en los lugares más insospechados. Los que están arriba, en la cúspide de la pirámide, como decía el escritor yonqui Bourroughs, trabajan sin descanso para convencer a la base, los drogadictos, a que digan SÍ y consuman, pero la adicción, y ustedes lo ven por mi hija —hay muchas/os como ella—, supone una esclavitud tan infrahumana que hay que aprender a decir un NO rotundo y rechazar los cantos de sirena, que convierten la libertad individual en una cárcel, con sentencia de por vida y que, inexorablemente, acaba en la muerte. Si puedo hablar de mensaje, éste es el que quiero transmitir con este libro y lo hago a pesar de saber de antemano que las críticas contra mí van a ser feroces y despiadadas; no me importan, estoy acostumbrada a ello, pero mi lema sigue siendo el de mi juventud: LIBERTAD y que nunca tenga que decir, como ahora pienso algunas veces, «Libertad, ¿para qué?», el estalinismo, tan *démodé,* me gusta tan poco como las dictaduras de otro signo.

Espero que mi próximo libro no tenga nada que ver con este horror; también quiero pensar que estas páginas le hayan servido a mi hija menor de catarsis, como a mí en su día *La agenda...* Espero y confío que entiendan que, como madre, me he prestado a servir de transcriptora con el convencimiento de que el relato de su azarosa y triste vida sea el antídoto del caballo y las demás sustancias, todas ellas en menor o mayor grado, mortíferas.

Que así sea. Salud y Libertad.

CAPÍTULO UNO

Cuanto me rodea es una puta mierda y hablar del después significa quedarse sin nada, con menos cero, que debe ser el colmo de la nada.

Amanecía ya. Otro día más y la mierda me subía a la boca; notaba su sabor, ferroso y agrio y tenía ganas de potar. Una náusea horrible me invadía el estómago, devolví algo viscoso y blancuzco parecido al semen del último cliente. Anduve sin rumbo fijo por las calles de la gran ciudad, dando bandazos como las hojas, medio amarillentas y casi secas que me servían de alfombra resbaladiza. Me quité los zapatos y, los pies, sucios y llenos de barro, aparte del dolor, me recordaban mis últimas correrías. Rostros de todas las razas y edades, sin resto de nobleza alguna que los diferenciara de un animal, cuyo único destello de humanidad era la mirada lujuriosa en el rostro sudoroso que se acentuaba en el instante del placer del orgasmo. Yo, mientras, hacía recuento del menguado capital que me había proporcionado tan arduo trabajo, con el fin de conseguir un chute o una calada de chino, lo que fuera más rápido y económico. Antes de calmar al monstruo hambriento, retiraba las quinientas o mil pelas para la cunda de ida y vuelta al poblado, siempre gitano, del extrarradio. Me dolían la cabeza y la boca, que tenía hecha un asco; siempre pensaba en guardar para el dentista sin que llegara el momento de tener lo suficiente, ya que en la Seguridad Social, en odontología, no querían hacerme nada; en cuanto la abría y la miraban, veían los huecos de las muelas y los raigones, que no me habían sacado, porque se rompieron al morder algo duro y ahí se quedaron. Hace años fueron desvitalizadas y empastadas por un dentista, de pago, como puede suponerse.

No era nuevo, aunque sí relativamente reciente, el que la S.S. sólo efectuara extracciones, sin radiografías previas, con lo que el paciente se exponía a perder las piezas sanas e incluso a que le dejaran las que de verdad le producían dolores inaguantables porque quedaban con el nervio al aire. La verdad, no quiero hablar más de esto, porque al final lo que les cuento va a ser la historia de nunca acabar... Resumo: todo es una puta mierda y hablar del después significa quedarse sin nada, con menos cero, que debe ser el colmo de la nada.

En cuanto a los yonquis, vayamos con el dolor que sea a cualquier consultorio, no recetan ¡ni agua!... ni un puto tranqui, ni un contu, ni un deprancol; ¡mucho menos un metasedín! Lo único que aconsejan, a pesar de figurar como Médicos de Familia ¿...? —porque les importamos una puta mierda, y no sólo nosotros, también nuestras familias, que sufren y nos sufren—, es: «Vete al CAD (Centro de Atención a Drogodependientes), apúntate a la metadona», por no decirnos —que resulta más crudo—: «Cómete tu mono con patatas, búscate la vida o dile a tu madre/padre que te lleve a cualquiera de los cinco o seis "Garot" (no tengo referencia de que existan más).» Estos centros, que yo denomino con el nombre genérico de «Garot», pues me parecen el prototipo y además me han tratado personalmente, y ¡gratis! —supongo que por mi madre, periodista y escritora—, ejercen una modalidad de psiquiatría única en España: dan a elegir al paciente-adicto entre curarlos en sus lujosas clínicas, a veces de su propiedad, otras concertadas, o en sus respectivas consultas, de la adicción a las drogas. En un fin de semana, como interno, o en horas alternas, que contabilizaban lo mismo en tiempo. Previo pago, ¡claro está!, de un cuarto o medio kilo de pelas —dependiendo de la modalidad—, en el que no se incluyen los medicamentos: recetas de laboratorios muy prestigiosos, unos nacionales y otros multi, tranquilizantes en su mayoría, alguna anfetamina y un jarabe, de color amarillento, en una botella de plástico transparente de un litro más o menos con una etiqueta en blanco en la que se lee claramente morfina, y otras dos o tres palabras garabateadas e ilegibles.

Mi madre siempre leía los prospectos de las medicinas y probaba algunas, no sé si por deformación, heredada de mi abuelo boticario, o por el miedo que les tenía a todas en general. Y con razón, pues era muy alérgica a casi todo, pero especialmente a dos antibióticos, penicilina y estreptomicina; en un par de ocasiones en que se los recetaron le produjeron paros cardíacos. Mi abuelo paterno, que era médico, le aconsejó que le hicieran una prueba de sangre para comprobar el grupo sanguíneo al que pertenecía y que se lo pusieran en una tarjeta, o en una placa de plata o metal, para llevarla en el cuello o en la muñeca, como advertencia por si sufría un accidente y tenían que llevarla al hospital y, por curarla, la mataban directamente. Tardó mucho tiempo en hacerse la primera pero, que yo sepa, siempre se quedaba en un cajón de su mesa, hasta que sufrió un accidente de coche y, ¡menos mal que aunque perdió el conocimiento, lo recobró antes de llegar al hospital y pudo avisar de viva voz al facultativo que la atendió! Desde entonces se leía los prospectos de las medicinas que le recetaban antes de tomarlas, por si acaso, pero no sólo las suyas sino también las nuestras y hasta probó el líquido amarillento del frasco de plástico que yo había metido en la nevera y dijo, con gesto de asco porque estaba muy amargo: «sabe a morfina». En efecto, en la etiqueta se leía muy claro este nombre. ¡Qué casualidad que el titular fuera, casi siempre, pariente más o menos cercano del psiquiatra!

Para una profana como ella se trataba simplemente de morfina, ¡qué más daba el añadido ilegible!, y no le gustó, porque era una droga tan ilegal como la heroína o la coca; ¡claro que ésta iba bendecida por la firma de un conocido y prestigioso psiquiatra! A fin de cuentas todo se extraía de la misma flor, la amapola, no la silvestre, sencilla flor roja que cubre los campos en primavera, que ha inspirado a poetas, pintores y músicos, sino del jugo de la adormidera, que presenta el mismo aspecto, cándido, sencillo e infantil, tanto que ni siquiera huele. Este jugo se extrae de sus «cabezas» cuando aún están verdes. Como curiosidad les cuento que la palabra opio viene del griego y quiere decir jugo, pero también es cierto, y se lo oía a mi abuelo, que se emplea en muchos medicamentos de la antigua farmacopea así como de la actual, para tratar enfermedades dolorosas como las colitis, los espasmos estomacales y algunas otras dolencias, claro que en dosis muy pequeñas y por cortos períodos de tiempo.

(A estas alturas de mi adicción sigo sin saber el porqué de la denominación de drogas duras, aparte de la marginación social que suponen, más lo que cuestan y la impunidad con que las cortan —es decir aumentan las cantidades de la droga original— con venenos como la estricnina, barbitúricos, lactosa, etc., cuando no con económicos polvos de talco y creo que hasta con yeso vulgar y corriente.)

Para finalizar esta improvisada disertación seudomédica, termino con los misteriosos parches que completaban el tratamiento, no incluidos en la cantidad inicial, colocados por el propio médico o por su enfermera y que detectaban, parece ser, la presencia de otras drogas distintas a la heroína o a las que ellos mismos recetaban, para que, cuando el lunes pasásemos revista, estuviéramos tan limpios e inmaculados como una patena y así seguir siendo sus pacientes el tiempo que lo necesitáramos. Ellos cobrando y enriqueciéndose y nosotros drogándonos con las fuertes drogas permitidas y fabricadas por laboratorios multinacionales, que son los mismos que firman los retrovirales para detener, no curar, el sida, sin considerar los terribles efectos secundarios que pude comprobar en mi pobre hermana Ada y en muchos de sus amigos. Incluso comercializan ciertos medicamentos —recuerdo uno que difundieron los medios de comunicación el pasado verano del 2001— que producen la muerte de ciudadanos que, siguiendo el consejo de su médico para ser más longevos, lo único que tienen que cuidar son el colesterol y los triglicéridos, con una dieta monótona, selectiva y aburrida para aquellos que disfrutan comiendo todo lo que según parece contiene grandes cantidades de sustancias prohibidas, esas que impiden alcanzar lo que los publicistas y demagogos llaman la «tercera edad o edad dorada», y que antes se denominaba vejez o ancianidad. ¿No es, en realidad, miedo a la muerte, a la enfermedad, al dolor y, sobre todo, a la vejez, que ellos tratan de evitar hasta el infinito con cirugía estética y cremas carísimas? No han encontrado la belleza propia de cada edad, como la que tienen las estaciones del año, los espesos bosques centenarios, etcétera.

Éste es un tema que me indigna pues he comprobado por mí misma la relación que existe entre curación-precio y el enriquecimiento de una menguada minoría médica, que no considera ni por un minuto el sufrimiento y la depresión que producen en muchísimas familias que se hacen ilusiones con la curación del hijo/a querido, nunca hecha realidad. Por no hablar del dinero que han tenido que pedir a los usureros de nuestro tiempo, las entidades bancarias, y de las deudas que embargarán de por vida a cuantos de la familia no se convirtieron más que en adictos al tabaco, al tinto, al sexo, al fútbol y al trabajo... Los primeros, casi, casi, han pasado a tener la misma categoría que nosotros.

Para terminar con este apartado, lo que me jode un montón es que alguno de estos médicos se ha convertido en prototipo de esos «milagrosos» y famosos psiquiatras que las televisiones privadas se rifan para los largos y «marujiles» programas de las mañanas, en los que son muy bien pagados. Además, según aseguran, consiguen un magnífico vehículo publicitario, porque el nombre del doctor y de la clínica se citan varias veces, puede que incluso en los rótulos. Como consecuencia, aparecen en la llamada prensa rosa; hay incluso un tío que está muy bueno, algo bastante apreciado por estos medios, y que según mi madre ha rejuvenecido por la cirugía estética. Con él ocurrió una peculiar historia.

Recuerdo que la primera vez que lo vi fue en un programa de radio al que me habían invitado, junto a mi madre, para hablar de la puta droga. Lo dirigía un colega de mi madre y mi papel, al que me presté voluntariamente, era el de una yonqui frente a la administración, representada por el entonces delegado de la Droga de la Comunidad de Madrid, el también famoso y televisivo doctor Cabrera, quien a última hora avisó de su ausencia por motivos oficiales y por ser antevíspera de elecciones en la Comunidad madrileña. Pero, volviendo al psiquiatra, cuando se lo presentaron a mi madre —no lo conocía en persona, lo que no era obstáculo para que lo pusiera verde, como médico, se entiende, en cuanto se asomaba a un medio informativo—, le soltó a bocajarro: «Tú debes ser el doctor Tal hijo, o ¿me equivoco?, porque al que yo me refiero debe rondar los cincuenta y...» «Imposible —contestó—, muchas gracias si me ves tan joven, pero no lo soy tanto y, además, mi padre era ingeniero.» «¿Cirugía estética...?» Y él, sin responder, esbozó una sonrisa e hizo un gesto con los hombros, como diciendo: «Cree lo que quieras.»

Es cierto que no aparentaba más de treinta y pocos años. De entrada, confieso que me gustó, hasta que mi vieja nos presentó después del programa de radio, durante el que permanecí calladita en el estudio sin contestar a los oyentes que intervenían en directo. A la salida, el psiquiatra —supongo que para hacerle la pelota a mi vieja por aquello de ser periodista y especialista en el tema de la droga debido a sus tristes conocimientos, y también ¿por qué no?, porque yo no me comportase de forma indiferente— se ofreció a tratarme gratis mientras hablábamos en una mesa de la redacción del programa, ante una vieja máquina de escribir marca Hispano-Olivetti como la que estaba harta de ver sobre la mesa del cuarto de mi madre.

Sin embargo, el tratamiento acabó pronto, pues se cansó enseguida de mis trampas, hasta el punto de que, en una ocasión, al darse cuenta de que había consumido, me inyectó analtraxona, por vía intramuscular y, mientras me miraba directamente a los ojos, me dijo claramente y en voz muy baja: «Te lo advertí, ¡jódete!» (Este medicamento es antagonista de la heroína y produce alteraciones espantosas en nuestro organismo, hasta paros cardíacos, que en ocasiones han causado la muerte súbita.)

Como comprenderéis, al primer tropiezo me puso de patitas en la calle; no tuvo que esperar mucho pues fue al lunes siguiente. Esa mañana iba sola, y a partir de entonces ya no fue tan amable, ni conmigo, ni con mi madre. Cuando salía de la consulta en dirección a la madrileña y hermosa Plaza de Cristo Rey, tuve la tentación de volver a la sala de espera y contarles a los muchos padres e hijos adicto-enfermos que aún esperaban a ser recibidos, lo que me había hecho el famoso y carísimo doctor; y encima a mí, a quien no cobraba. Pero lo pensé mejor y me fui a que me diera el fresco de la mañana. Cuando llamó a mi madre para contarle lo sucedido, callando, como era de suponer, lo de la analtraxona, le rogó que le perdonara, porque su hija, como paciente, le hacía perder mucho tiempo que no podía dedicarme pues, sencilla y llanamente, no me veía convencida de dejarlo.

¡Claro que lo entendimos! Pero aun así mi madre siguió llamándolo a su móvil, cuyo número nos había dado por deferencia, excusándose de antemano por las veces que no respondería al estar grabando en la tele, reunido, en una cena con colegas, o atendiendo a algún paciente. Después de tres o cuatro llamadas, dejó de contestar. Sentí pena, primero por mi vieja y luego por los enfermos de adicción y sus padres, quienes, en la mayoría de los casos, debían de malvender el modesto chalecito de la playa o de la sierra, hipotecar la casa propia, comprada con los ahorros de toda una vida dedicada al trabajo y en la estrechez, o pedir un crédito que los hipotecaba de nuevo.

«¡No se hagan ilusiones, señores míos!», me daban ganas de gritar, no malgasten sus ahorros ni se entrampen, porque el enfermo tendrá que volver de nuevo, pero no a la consulta sino a la sala de urgencias de un hospital. Desde allí les llamarán a cualquier hora del día o de la noche y... si no, al tiempo. ¡Qué no darían nuestros padres por alejar al siniestro jinete que cabalga a lomos del caballo de la muerte! Si ello fuera posible invertirían todo su dinero con tal de ver a sus hijos como eran antes, y no convertidos en la ruina en que nos transforma el maldito jaco.

En aquella sala de espera era fácil darse cuenta, con un solo vistazo, de quiénes eran los familiares, de todas las procedencias sociales y económicas, primerizos y esperanzados de que sus hijos, gracias al tratamiento y a su esfuerzo económico, dejarían la droga para siempre. Por el contrario, estaban los escépticos, mi madre y yo entre ellos, que los observábamos y oíamos con lástima y ternura. Parecíamos estar en la consulta de un ginecólogo, rodeados de primerizos que esperaban a su bébe primogénito o se preparaban para el parto sin dolor que, según mi madre, evita dar alaridos cada vez que sobreviene una contracción al dilatar, gracias a una forma de respirar jadeante y relajante, por lo que no molestas al vecino de la clínica o de la casa. En la consulta, decía ella, ocurre lo mismo, sólo que al final no aparece la cabeza de la criatura ni la parturienta queda tan descompuesta físicamente como les ocurre a quienes sufren el mono de caballo. Por cierto, digan lo que digan, éste no tiene nada que ver con otros, excepto quizás con los de la nicotina o el alcohol, que en la práctica se resuelven si es de día, yendo a comprarlos a cualquier tienda y, de noche, al «24 horas» más cercano. Incluso, si me apuran, basta añadirle a la copa un par de relajantes, un analgésico para los dolores de espalda y un buche de anís seco para hacer enjuagues y «dormir» el dolor de muelas, para que quienes se lo beban se sumerjan en un sueño profundo que les durará, probablemente, más de un día. Aunque soñar con playas hamiltonianas, como le sucedía a mi hermana Ada durante sus últimos meses de vida, sólo es posible con la cercanía de la muerte y, mejor aún, con la calada de un chino de caballo.

Hay un último detalle que añade aliciente y no quiero pasar por alto: con los tratamientos rápidos y caros damos a la familia un poco de vidilla, al dejarlos tranquilos unas horas y, nada que decir, si es un fin de semana...

CAPÍTULO DOS

Verano del año 2001. Soy una adicta al caballo. No hay clientes y los pocos que quedan pagan mal; alguno llegó a darme, a cambio de mis servicios, hortalizas y verduras que llevaba en una furgoneta camino del mercado de Madrid.

Había llegado muy lejos, prácticamente había hecho el camino de ida y estaba de vuelta. Los comienzos resultaron inmejorables, según se mire, y lo digo por la pasta que gané. Creí que aquel trabajo sucio, en los pisos de la calle General Perón, que al principio me horrorizó hasta que vi que con él se ganaba mucha pasta, duraría tiempo indefinido. Pero acabó pronto; cuando la adicción empezó a ser tan fuerte que se me notaba y no podía aguantar doce horas seguidas; aunque continué, con la diferencia de que ahora estaba en los últimos escalones, es decir, puteando en las calles tradicionales junto a las putas más tiradas, compitiendo con tantas sudacas, negras, travestis que las ganancias eran muy bajas; la clientela estaba en consonancia. Baste decir que en el último verano en el que aún encontraba clientes, en pleno agosto, llegaron a pagarme con judías verdes, tomates, melones y calabazas. El cliente era un huertano de la Comunidad castellano manchega. Estaba amaneciendo y él iba camino del mercado cuando me encontró en la carretera; fuimos a un motel de mala muerte y allí me dejó tirada, después de hacerle varios servicios. Sedienta, hecha una guarra, hambrienta y con un mono de cojones, me marché del motel y, descalza, con los zapatos en la mano, empecé a andar por la carretera; no había un alma, me senté en el arcén y creí ver de pasada el coche del manchego. A riesgo de morir atropellada, me planté en el centro de la carretera y después de muchos gestos, intentando que me viera por el retrovisor, vi las luces de frenada y observé, a pesar de que la calima era tan espesa como la niebla, que venía marcha atrás hacia donde yo estaba. La destartalada furgoneta y el hombre me parecieron un milagro de lujo. Me pagó, eso sí, con frutas y hortalizas. Menos da una piedra, ¿no?...

¿Cómo explicarlo en casa? Estuve a punto de dejarlo todo, pero mi enganche al jaco se rebelaba contra mis buenas intenciones, era más fuerte que mi sincera voluntad, porque si de algo estoy segura, al igual que la gente que me conoce, en especial mi madre, es de que no soy masoquista.

Las absurdas relaciones tú y yo, madre

Mi casa, es decir, la de mi madre, tiene un pesado y negro portalón. Antes fue de mis abuelos y, desde que nací en la cercana Clínica de Santa Cristina, se convirtió en mía. Aun cuando no viviera allí siempre la consideré así, incluso de casada, y es mi domicilio oficial, en el que estoy empadronada.

Después de que el huertano de las hortalizas se largase me encaminé a casa. Llegué al mediodía, aproximadamente, con los zapatos en la mano derecha y los pies sangrando. Esos zapatos de tacones altos y afiladas punteras, que son de mi madre y forman parte de lo que, con triste ironía, ella denomina «mi uniforme». Tiene una auténtica colección desde hace años, algunos preciosos y todos, siempre, de última moda. Sabía que no quería que me pusiera ropa suya y menos sus zapatos, porque siempre los traía guarros, llenos de barro, y me dejaban los pies hechos puré porque estaba acostumbrada a las deportivas, que ella detesta más que las alpargatas en verano y las botas Camel en invierno, como las que heredé del pobre César, que terminó colgándose de una viga.

Me miraba al espejo de la entrada y la vi detrás de mí, fijándose en los tiznajos de la cara. Antes de que me dijera algo le expliqué que me había caído cuando pasé, con los pies descalzos, sobre una especie de alfombra formada por hojas mojadas, muy bella y decorativa pero peligrosa, y resbalé yendo a dar con los huesos del pómulo derecho contra la acera de cemento. Aparte de ver las estrellas sabía que en cuanto me viera me diría, como siempre, que parecía un *ecce homo*; para que la semejanza fuera completa se me había hinchado la vena situada en el centro de la frente, en la que a veces también me pincho.

No me gustaba que me viera así, con los pies destrozados, la cara hecha un cristo y las manos, ¡cómo no!, completamente negras y ensangrentadas, aunque de esto último y del dolor no me enteré hasta que comencé a lavármelas. Vi entonces que la sangre provenía de los padrastros que me había arrancado con los dientes. Un desastre, sí, madre, tal y como tú dices siempre; pasan los años y te parece una guarrada morderse las uñas. (Sólo tuve uñas, lo que se dice uñas, cuando me colocaron unas de porcelana, que aparte de caras son un coñazo pues hay que ir cada ocho o diez días —no recuerdo—, a que rellenen el trozo de la que nace y se nota que son postizas.)

¿Cuál fue tu reacción? Una extraña demostración de cariño —en consonancia con tu conocimiento sobre las drogas, duras y blandas— a base de gruñidos, insultos, «guarra, yonqui de mierda como tu hermana, estás hecha un asco, llevas las manos como un deshollinador», a los que yo respondí en parecido o semejante tono. Nuestro cariño e indudable amor, que ha sobrepasado los límites de la relación materno-filial para convertirse en una amistad cómplice, siempre termina expresándose por medio de un recital de insultos, cada uno más lacerante que el otro, hasta que nos mandamos a la mierda sin rodeos y tú cierras tu habitación con un tremendo portazo. Somos tan ásperas que nos avergüenzan las expresiones cariñosas, las palabras de amor.

Sin embargo, aquel día te ahorré el mal rato que sé que pasas cuando me encierro en mi cuarto para meterme el caballo. (Has de saber que uso chuta a estrenar y para mí sola —hago lo posible para que el sida se aleje de mí y de tu casa, bastante nos machacan con publicidad para recordarnos que se transmite por medio de la sangre y el semen—. ¿Sabes por qué no quiero que me laves ni me tires nada? Todo lo guardo por si acaso al día siguiente no tengo; saco de allí y hasta del algodón que quedó en la cuchara.)

Pocos días atrás, por última y enésima vez, me habías echado de casa —lo que sucedía con frecuencia, como en otras ocasiones se te acabó la poca paciencia que te quedaba, algo que yo entendía en mis momentos de lucidez—. Me pediste las llaves y una vez más te las di. «Tú y tu absurdo ego, madre; me pides que te cuente y me interrumpes cuando he llegado a un punto doloroso para mí.» Sí, comprendo que también lo es para ti, lo comprendo, pero yo me largo y tú te quedas... Sí, es tu casa, cierto; yo no tengo, ¿verdad? Tal vez no haya querido tenerla nunca, ni ser adulta, ni cargarme de responsabilidades...

Huí como una cobarde porque no quería liar más la situación. Pero regresé, ya de madrugada, pensando por el camino en todo lo que había sucedido, en la manera de entrarte para no terminar como siempre, en pedirte que me ayudases durante unas semanas, que sería lo que tardaría en el desenganche con las medicinas que componían el tratamiento rápido, estilo «Garot», que había comprado aquella misma mañana. Ya estaba en el descansillo, ante la puerta de la casa, molida y sangrante, cuando recordé que me habías quitado las llaves y, por no llamar, intenté abrir con una tarjeta de Día, para no despertarte Al final, pocas horas antes de amanecer, llamé al timbre. Lo sentí por ti, con lo que te cuesta dormir y lo poco que te dura el sueño; pero tenías que espabilarte para escucharme y ayudarme.

Desde que mi hermana mayor y su marido fallecieron de sida, hará seis años este verano, a causa de la puta droga, la odio aún más si cabe, casi tanto como al enganche que ahora sufro y que sólo se me cura con la jodida droga, aun siendo consciente de que me causa la ruina física, económica, psicológica y social. Lo sé y no acabo de entender cómo he llegado hasta aquí después de haberla odiado tanto, pues arruinó mi infancia y deshizo la familia, cuya base no era muy sólida, y que prácticamente terminó de desmoronarse al fallecer mi abuelo, quien servía de pilar, ya que mi madre, para suplir al padre que nos abandonó cuando yo tenía pocos meses, trabajó tanto que rara vez estaba en casa, como ella misma dice, haciendo de picapedrera del periodismo para darnos el nivel de vida que hubiéramos tenido de ser una familia normal, o sea, padre, madre e hijos, aunque el padre y la madre o ambos tuvieran amantes, como muchos de los padres de amigos míos, que pasaban por ser de lo más normales y decentes.

Mi viejo, en cambio, nos abandonó cuando yo tenía seis meses y lo conocí a los once años; entonces le dije: «Mira, eres mucho más feo y más viejo que en las fotos en las que te he visto y mi madre sólo me ha dicho que estabas fuera por el trabajo, a mí no me importa por qué pero no te conozco, así que, o te lo montas bien conmigo, o sigo sin tener padre como hasta ahora.» Por su comportamiento, elegí lo segundo y ya ni lo recuerdo, sé, y no por lo que me dijera mi madre, siempre discreta en esto, que era y es, si vive, un cabrón y un hijo de... y supongo que en el inconsciente y en el consciente nos ha marcado, y mucho, para mal, a mi hermana Ada y a mí. Como en su día lo hizo la puta droga, con la que tomé contacto a los seis o siete años... Ahora que ha pasado mucho tiempo y mi vida es un fracaso, lo reconozco, repaso mi existencia desde que tuve uso de razón y me hago reflexiones que en su día debí contar a un psiquiatra o a un psicólogo. Entonces no tendría tantos agujeros negros en mi memoria, auténticas lagunas.

CAPÍTULO TRES

Esnifé heroína a los seis años; estaba en uno de los sobres que Ada me pedía que le guardara. Mi primera infancia fue un espacio en blanco; ahora al ver fotos y hablar de ella lo voy rellenando. Yo era la primera en llegar del colegio y el abuelo, que estaba solo, me abría la puerta y seguía leyendo sentado en su sillón de la entrada. Él murió el 3 de agosto de 1985.

A los seis años, acababa de empezar la primaria, fue cuando supe que los polvitos que me mandaba a buscar mi hermana mayor, a la que adoraba, eran los que se pinchaba en la vena o sorbía por la nariz con un boli vacío, si no tenía un billete nuevo para hacer un tubito. Lo llamaba caballo y algunas veces, después de tomarlo, se ponía muy malita, casi muerta, y como me pareció un horror le dije que nunca más iría a casa de su amigo Luis a por esa medicina. Ella me aseguró que, aunque primero hacía daño, luego quitaba todos los males. Por aquellos días comenzó a dolerme mucho una muela, era de leche y estaba a punto de caerse, pero el dentista no me la quería sacar porque protegía a otra. Por las mañanas iba a su consulta para que me curase, pero una noche el dolor fue tan insoportable que ni podía dormir, y lo único que sentía eran ganas de gritar. No quería despertar al abuelo ni a mis hermanos, y si iba a la habitación de mi madre en busca de consuelo me diría que no pensase en el dolor y me daría una aspirina infantil. Así que me dije que si tomaba un poco de los polvitos de Ada, se me pasaría y eso fue lo que hice; con un tubito vacío que había allí los sorbí por la nariz, porque estaban muy amargos cuando los probé con la lengua y me dieron ganas de potar. Así y todo, ¡menuda vomitona me entró y qué malísima me puse! Encima sólo logré que el dolor siguiera y las lágrimas, que también estaban amargas, me durmieran. A pesar de mis pocos años encontré aquello muy raro y se lo dije a mi hermana, que puso el grito en el cielo porque se lo había gastado y me dio un bofetón, acompañado de muchas palabrotas. Supe así que no era tan bueno como ella decía y que debía tener otros fines que los de calmar el dolor. El caso es que había esnifado caballo a los seis años... ¡muy fuerte!, ¿no? Pero no volví a hacerlo, a pesar de que lo tenía al alcance de la mano, hasta años más tarde.

Incluso ahora, en el año 2002, cuando acabo de cumplir treinta y cuatro tacos, lo que ocurrió entonces me parece más horrible que el hecho de que hoy me lo meta en las venas. Soy una yonqui como mi hermana mayor y estoy sometida al caballo; a sabiendas de sus nefastos resultados, lo necesito; sin él soy una mierda y... con él, más.

Para tenerlo me humillo, me prostituyo, robo, miento, soy una basura y nunca haré nada útil, porque si no me pongo me siento morir y cuando estoy puesta, sólo recuerdo que es mi amante completo y fiel, feroz y cruel, al que creo no dejaré jamás aun cuando clame por abandonarlo y sufra sus malos tratos. ¡Sin él estoy perdida! y cuando pido ayuda no la utilizo, no tengo más amigos que los que comparten conmigo mi soma y si cuando era una niña me pareció terrible, ahora lo veo como un monstruo gigantesco que me engulle, sin dejarme ni chillar. Un delirio total que, al despertar, se parece a la muerte precedida por una dolorosa agonía.

Me mosqueé de niña —me indigno ahora—, porque no podía creer que algo tan malo para las personas estuviera en la naturaleza y porque a mí los caballos y los perros me gustaban más que las personas, excepto el abuelo, mamá, mis hermanos y Domi, que era mi tata. Entonces se lo dije a mi abuelo y me dio la razón pero sin saber por qué se lo decía... «Porque sí, abuelo, te lo digo yo, se lo he oído decir a mi amiga Susanita "Ratón" [una compañera de colegio y de travesuras, con la que compartía secretos y castigos], que se lo ha contado a su padre que es médico y le ha dicho que si es lo que él se figura, es la peor de las "medicinas".» El pobre abuelo no tuvo más remedio que asentir y no le dio más vueltas. En cambio, sí que le hizo pensar otra de las cosas que le dije un día al llegar del colegio —era la primera en volver a casa porque iba a la guarde y me traían en autobús—, y tan preocupado lo dejé que te lo contó en cuanto llegaste por la noche, pero preguntándote:

—Hija, ¿no me notas muy mala cara?... La niña cuando ha llegado del colegio me lo ha dicho y ella siempre acierta, pero es que me he mirado al espejo y es verdad que tengo muchas ojeras y mal color... cualquier día cuando lleguéis me encontráis tieso... Soy ya muy viejo, hija, muy viejo...

—Vamos, padre, si estás hecho un chaval —le decías tú, tranquilizándolo—, se te ve tan joven que nos enterrarás a todos. Pero ¿cómo le haces caso a la niña?, vete tú a saber por qué te lo ha dicho.

—Le hago caso porque cuando me lo dijo fue para pedirme que espere a que ella llegue del colegio... para morirme, creo yo, porque si no ¿a qué habría de esperar?, ¿la llegada de alguno de sus hermanos que sí alcanzan al pomo de la puerta?, ¿lo entiendes?... Me ha visto muy mala cara y me ha dicho sin rodeos que me iba a morir porque ya soy viejecito, y tiene razón. Además, los niños siempre dicen la verdad —terminaba rotundamente el abuelo.

Así era yo de niña, sincera, apasionada, curiosa y tenaz; así sería de mayor y toda mi vida, tú lo debes saber, ¿no?... ¿Te acuerdas de que a los ocho años no quise hacer la comunión? Se lo dije a la profesora de religión que nos preparaba y me preguntó por qué y le contesté que Dios no era tan buen amigo como ella decía —tú me lo habías asegurado en las muchas ocasiones en que te lo preguntaba—, y a mí me había fallado en todas las ocasiones en las que le imploré. Como cuando le pedí que te dijera a ti, mamá, que me dejaras traer la bicicleta a Madrid desde Piedralaves, donde veraneábamos, y rotundamente te negaste, o ese otro día en que no me diste permiso para que mi amiga Susana viniera el sábado a dormir o yo fuera a su casa... no me hiciste ni caso, así que como tú nunca me engañabas, saqué la conclusión de que Dios no era un amigo, como decía la «cura» (así llamábamos a la de religión) y por tanto no existía... ¡sin más quebraderos de cabeza! Y vi el cielo abierto cuando encima le pregunté al abuelo, que me había regalado por la dichosa comunión la primera tele en color que habíamos tenido, si la devolvería en caso de que no la hiciera. Cuando me dijo que no, que la tele ya no salía de casa, decidí que no la hacía porque me parecía un rollo, aunque no tuviera que ponerme el ridículo vestido blanco de tules que me habías preparado, porque las del colegio podíamos hacerla con el uniforme.

El episodio terminó con una regañina tuya porque tuviste que acudir al cole a una hora que te venía fatal para hablar con la tía que nos preparaba, teniéndole que contar tu vida en cierto modo porque, según me dijiste, la primera pregunta que te hizo fue si eras atea. ¿Divertido, no?, pero seguro que lo sería más tu explicación, teniendo que dar cuarenta rodeos para decirle a aquella buena señora que sí, pero que no y para terminar, fina y sutilmente, evitando los tacos, le diste a entender que a ella qué le importaba en lo que tú creyeras o dejaras de creer, y recordándole que su oficio era enseñar y convencer de la existencia de Dios, de sus milagros y conversiones y no interpretar nuevas versiones de la divinidad. ¡En fin!, perdona por el lío en que te metí, pero en el fondo yo era un poco como tú, disimulaba muy mal y mentía peor...

Lo que importaba, a fin de cuentas, era que la tele en color se quedara en casa y de eso yo, más práctica que tú, estaba segura.

Pasaron los años, Ada seguía poniéndose y yo inicié mi etapa adolescente. El 3 de agosto de 1983 murió el abuelo en plena calle, cuando, como era habitual, iba al Retiro. Quedó tirado en la acera más de dos horas, hasta que un soldadito terminó la guardia que hacía en el portal de un alto jefe militar, al parecer amenazado por ETA, y llegó el relevo. Fue él quien avisó a un SAMUR que lo trasladó al cercano hospital Gregorio Marañón y de allí al Instituto Anatómico Forense. Cuando vinieron a decirnos que podíamos ir al Marañón a recoger sus pertenencias, estábamos todos en casa, pero las únicas despiertas éramos Conchi y yo —mis hermanos y el futuro cuñado dormían—. Así que nos fuimos las dos para allá y nos trajimos las pocas cosas que había en la bolsa de plástico que llevaba el abuelo cada mañana con los encargos que le hacíamos para que arreglaran algunas cosillas. Había un poco de todo, zapatos que debía dejar en Duque de Sexto a su amigo Pedro, el zapatero remendón, una blusa mía para el tinte, su radio transistor que no funcionaba bien y que tenía hace mil años, pero que no cambiaba por ninguna porque se la había traído su hijo de América —mira que tú y nosotros le habíamos regalado algunas mucho más modernas y pequeñas—, el periódico que compraba cada mañana en el quiosco de O´Donnell esquina a Narváez, pues le pillaba de camino, y los objetos que llevaba junto con su ropa, que habían puesto dentro de la bolsa, su cartera y el reloj.

Cierto es que nunca sabremos lo que había dentro de la cartera ya que, cuando llegamos a casa, Ada, que ya estaba levantada, sin darnos tiempo para contarle de dónde veníamos ni por qué, se abalanzó a por la bolsa y se metió en su cuarto, cerrando la puerta y echando el pestillo. Nosotras no habíamos mirado en la cartera, así que nunca supimos si llevaba dinero, pero lo más probable es que así fuera porque era día 3 y él pasaba por el banco a pagar la casa y a sacar algo de dinero para sus gastillos; aun así faltaban algunas de las cosas que no había podido llevar a arreglar porque estaba cerrado cuando él salió. Se lo dijimos al guarda de seguridad y nos contestó que eso era todo cuanto le habían encontrado cuando ellos lo recogieron en la calle. La autopsia confirmaría luego que eran las diez y cuarenta y cinco minutos cuando falleció y había salido de casa a las nueve. Conchi se cruzó con él cuando venía hacia casa.

A última hora de la mañana tú nos llamaste desde Las Palmas para decirnos a qué hora salías de allí y que llegarías a Madrid, más o menos a las diez. Pasadas las once llegó tu hermano, y luego la pequeña de sus hijas, que también estaba enganchada y que trataba a su padre casi como a un novio —claro que siempre fue una cachonda—. Después vinieron unos compañeros tuyos de televisión. Total, que se formó una animada reunión con copas y música hasta bien tarde y tú aguantando a duras penas hasta que te fuiste a la cocina y a petición de tu hermano hiciste unas tortillas, un gazpacho y no sé qué más que desapareció en un santiamén. Se te cerraban los ojos y las ojeras te llegaban hasta los pies así que, educadamente, despedí a todos diciéndoles que el día siguiente iba a ser muy duro y había que descansar.

Pensé que, de entre toda esa gente que había acudido a casa a darte el pésame por la muerte del abuelo, ninguno debió recordar el motivo por el que estaba allí. Tú decías, y todos opinábamos igual, que era muy raro velar a un difunto que no estaba de cuerpo presente, a pesar de que en el caso del abuelo pasamos parte de la noche recordándolo y viendo fotos de cuando hizo la mili, de su boda con la abuela, de sus padres y hermanos y de gente a la que no habíamos conocido ninguno, pero que conformaban el paisaje de su juventud y de su vida en general —también estaba en vuestras bodas y en los bautizos y con nosotros de bebés—. Pero eran fotografías, que no es lo mismo. Luego me enteré de que, según tu hermano y tus amigos, la reunión de la noche os había recordado los velatorios que se celebran en algunos pueblos, que convierten un acto triste en algo casi alegre, tal vez precisamente porque el muerto no está y esta ausencia hace pensar que sigue vivo en otro lugar y que aparecerá de un momento a otro. Cierto es que tu padre, mi abuelo, era un personaje singular, que aún hoy, y han pasado diecisiete años, es inolvidable y no es impensable que llegue de un momento a otro y se siente en su sillón a leer el periódico o a oír la radio.

Al día siguiente del entierro tú tenías que irte a Las Palmas para incorporarte a tu trabajo. Mis dos hermanos varones, que estaban allí contigo, decidieron, a última hora, quedarse, aunque luego Alfonso, en la actualidad el único varón de la familia, cambió de opinión y decidió viajar contigo y tu siniestro —porque lo era, no digas que no— compañero sentimental, que vivía y trabajaba en Las Palmas desde hacía muchos años y tenía que regresar a la fuerza porque allí estaba su familia y además su trabajo. Por él, en cierto modo, pediste en televisión que te enviaran a Las Palmas por seis meses. La casa se quedó muy sola y triste, de nuevo sin ti y ahora también sin el abuelo.

Ada, lista como siempre y sabiendo que no te iba a gustar —por eso no te dijo nada—, le pidió a su novio que, mientras tú estuvieras en Madrid, viniera lo justo por casa y por supuesto se quedara a dormir en otro sitio; como, por otro lado, nosotros no te habíamos comentado nada al respecto, no pudiste ni imaginar la realidad de los hechos. Lo que tú desconocías es que habían invadido la casa desde que te fuiste, convirtiéndola en un infierno debido a las palizas que se daban, la suciedad que almacenaban en los dormitorios por los que pasaban y los continuos robos de libros, cuadros, vajillas, ropas, aparatos de sonido y qué sé yo, todo cuanto fuera intercambiable por droga. Nos hacían la vida imposible a todos, pero más que a nadie a mí —perdón por nombrarme la primera— y a Conchi, aunque ella se libraba en parte pues venía por las mañanas y se iba después de comer. Mis hermanos, que raramente comían en casa, desaparecían después de desayunar y no volvían hasta por la noche, así que no sufrían a la parejita ni sus excesos en la cama, amenizados con aullidos de placer y sospechosos ruidos amorosos, que están muy bien cuando los produce uno mismo con su pareja, pero no como música de fondo y en solitario. Otra de las prerrogativas que mi hermana mayor se arrogó fue la de abrir al cartero y disponer a su gusto qué correspondencia tiraba a la papelera y cuál nos daba. Por tanto, los giros que tú nos enviabas iban a parar directamente a su bolsillo. Esto lo supimos cuando ya hacía más de un mes que te habías marchado. Permanecimos todo ese tiempo esperando inútilmente que nos llegara el dinero que nos ibas a enviar al día siguiente de tu llegada a Las Palmas. Muy extrañados, y tiesos porque habíamos tirado con lo justo y gracias a que Conchi le había pedido a su madre, que tampoco nadaba en la abundancia, decidimos llamarte por teléfono, y nos confirmaste nuestros temores cuando dijiste que habías mandado dos giros, uno al día siguiente de tu regreso a la isla y otro hacía una semana, aunque enviarías un fax con los datos exactos para que no hubiera duda de que el dinero de los giros lo habías enviado, lo que desconocías tú era que había pasado, del tuyo, al bolsillo y a la «venita» de Ada. «Aquí va a parar», decía señalándose una vena del brazo, cuando se le preguntaba dónde metía tanto dinero.

Antes de inculparla por la apropiación indebida del dinero, verificamos con los números de resguardo que tú nos habías dado por teléfono que el giro, en metálico, había sido entregado por el cartero a Ada, cuya firma, muy clara, figuraba en el papel, con lo que cualquier duda que pudiera surgir se disipaba. Aunque no sacamos nada en limpio entre tantos juramentos de inocencia como para creer en una falsificación, la llamamos ladrona más de una vez sin el más mínimo sentimiento de cometer una injusticia, siendo conscientes de que el dinero no lo íbamos a recuperar pero al menos nos daríamos el gustazo de que supiera que no nos había engañado.

—Desde luego sois la hostia, yo que vengo tan contenta porque tengo que daros la gran noticia de mi vida y os encuentro con la cara hasta los pies y llamándome ladrona por todo el morro, a mí, que voy a ser madre. Como nos pase algo, a mí o al niño, me la vais a pagar. Tíos, cómo os pasáis en cuanto os quedáis de jefes, pero os queda poco porque nos volvemos a instalar aquí hasta que nos dé la gana y vais a tener que aguantar.

Eso estaba por ver porque ya habíamos decidido pedirle que se fuera de casa. Aunque mira por dónde la que se iría seguramente antes que ella iba a ser yo, y así, cuando regresaras de Canarias con tu novio, estarías sola, ¡por fin!, como él quería. Porque, madre, también Conchi esperaba a que llegases para darse el piro. No aguantaba más a Ada y menos a ése, que era un facha de mierda y tenía la mano muy larga aunque no lo dijeras nunca abiertamente.

Me fui de casa con apenas trece años, poco después de que muriera el abuelo. Le adoraba y le adoro, él sustituyó a mi padre y, en algún momento de mi vida, lo fue todo para mí.

CAPÍTULO CUATRO

Jorge Schneider entra en mi vida. El hispano paraguayo, «amigo» de Ada, que luego se convertiría en mi primer marido, intenta hacerme adicta a la heroína. Tengo trece años.

Todos estos recuerdos me vienen a la memoria e irremediablemente los asocio con Jorge Schneider y no porque ese cerdo tuviera nada en común contigo, sino porque era, y supongo que seguirá siendo, tan nebuloso como aquello que tú me dijiste de Dios, «es el mejor de los amigos y siempre te oye y te ayuda... Estés donde estés y aunque se lo pidas tan sólo con la mente». No lo entendió la profesora que nos preparaba para tomar la comunión y mucho menos él, que era una bestia parda.

Este hispano paraguayo, amigo de Ada y yonqui como ella, sería mi primer y único marido, además del más cruel y despiadado torturador. Yo tenía doce años cuando lo conocí, pero no volví a verlo ni supe nada de él hasta un año después. Mi hermana y un amigo de ambos, que frecuentaba nuestra casa, me dieron noticias suyas y me decían que les preguntaba por mí, pero yo tenía otro noviete bastante mayor que yo —la verdad es que fui muy precoz—, al que tampoco veía demasiado porque buena parte del tiempo lo empleaba en ir al colegio, estudiar y salir de marcha con compañeros de mi edad.

Por Jorge sentí un amor a primera vista, luego llegó el sexo y más tarde el miedo físico debido a las palizas que me daba cada vez que intentaba dejarlo.

Mi hermana mayor me lo presentó una mañana en la que yo me había venido de la sierra porque tú nos ibas a llevar a la Costa Brava, a un pueblecito delicioso, no recuerdo su nombre, junto a Lloret de Mar, donde te habían buscado un apartamento que teníamos que ocupar de inmediato. Pocos días después partimos. El edificio en el que nos instalamos era de tres alturas, con un enorme jardín por delante que incluía un espacio para dejar el coche. Por la parte trasera daba al mar, a una playita pequeña y recoleta, rodeada de calas con rocas escarpadas en las que a la hora de la bajada de la marea yo me dedicaba a coger almejillas, cangrejos y otros moluscos que quedaban al aire, arrancándolos de la roca mojada con la punta de una navaja. Los iba echando a un cubito con agua que había cogido de la orilla y luego me los comía, recreándome en su sabor porque parecía que con ellos me metía todo el mar en la boca... ¡Qué delicia! Eso y esperar a que Jorge me llamara al mediodía a una cabina cercana a la playa (entonces no había móviles) eran las dos ocupaciones más importantes de aquellos días en los que cada una hacíamos lo que queríamos.

Ni siquiera tú, madre, tenías que ir a la compra, la tarea doméstica que menos te gustaba. La hacía en tu lugar Conchi, que se vino con nosotras con su hermana. Siempre tu mano derecha, más de la familia que un pariente cercano. Se levantaba la primera, cogía un autobús, que la dejaba a la puerta del mejor súper de Lloret, y compraba para toda la semana. Luego regresaba con uno de tus dos amigos argentinos, aquellos hermanos que vivían y trabajaban en Lloret. Si mal no recuerdo, uno de ellos, el mayor —creo que se llamaba Omar—, estuvo algo enrollado contigo. Era muy alto y flaco. Tú te reías de él abiertamente, porque se gastaba el poco dinero que le mandaban de allá en ropa italiana carísima y presumía de «trosko». Por eso lo conociste, ya que en aquella época trabajabas en información política y parlamentaria.

Lo único que enturbia aquel verano es el recuerdo del maldito Jorge. Ahora lo imagino como era: feo, bajito, con tendencia a gordo-obeso, renegrido y con ciertos rasgos indígenas, no sé si de guaraní o de negroide... Lleno de pesadas cadenas de oro, con un cristo de Dalí bien visible sobre su pecho de pelo negro y rizado, como un felpudo, y más miope que un topo; se notaba claramente cuando, en lugar de las lentillas, se colocaba las gafas con cristales-culo de vaso, que formaban círculos convergentes en el centro de la pupila, como puntas de alfileres. Para colmo, era analfabeto, aunque supiera leer y escribir. Tú no lo podías ver y, objetivamente, me advertiste. Pero hija, el amor es ciego... Uno de los alicientes fue que me doblara la edad. Típico del complejo de Edipo que tenemos, en especial, casi todas las chicas que nos hemos criado sin padre, y que nos lleva a idealizar a los hombres mayores hasta límites insospechados.

Jorge me tenía totalmente obnubilada (cuando ahora pienso que se convirtió en mi marido, incluso en mi estado catastrófico de drogadicta veterana, que empeora con el paso de los años, no me puedo creer cómo fui tan idiota). Era capaz de esperar horas su llamada ante el teléfono público que estaba a cincuenta metros de la casa —¿tendría madera de esclava?, me he preguntado y sigo haciéndolo a lo largo de todos estos años—, la mayoría de las veces sin resultado. ¿Sería éste el motivo de que mi amor por él creciera? Cuando a veces salíamos de marcha por las noches a la cercana Lloret, entonces muy animada hasta casi el amanecer, yo me aburría más que mi madre, Conchi y su hermana Lola, a pesar de ser la más joven —no había cumplido los catorce.

Recuerdo que una noche, en una de las discotecas de moda, repletas de alemanes y nórdicos, rubios, altos y atléticos, me salió un pretendiente de estas características, muy joven, que quedó prendado de mí al instante. A pesar de que no hablaba más que alemán —yo chapurreaba el inglés y mi madre dominaba el francés—, entendimos que en su vida cotidiana era guardia municipal porque nos dibujó, y lo hacía muy bien, el uniforme y hasta el silbato con el que ordenaba el tráfico. Incluso llegó a pintarnos coches caros y potentes y bicicletas para evitar la contaminación. Yo me reía, porque el chico era muy simpático e ingenioso, mientras bebíamos combinados tropicales con alcohol, cuyos efluvios iban produciéndonos un efecto euforizante y, a pesar de que la noche avanzaba, nos sentíamos más ligeros. Cuando salimos a bailar sobre una pista transparente, en cuyo fondo se veían pececillos multicolores entre algas y especies marinas, que me recordaban los reportajes del mundo submarino de Cousteau, parecía que soñaba o me había tomado alguna pócima mágica. Incluso llegué a sentirme igual que la primera vez que tomé un ácido y luego esnifé una raya de coca; el efecto era quizás el mismo, sólo que éste real y el otro imaginado.

A pesar de que a mis compañeras de juerga nocturna y veraniega les gustaba el chaval para mí, yo recordaba a Jorge, el hispano paraguayo, realmente renegrido, miope, bajo y peludo, que más bien semejaba un mono que un humano. Lo que son las cosas: estaba enamorada de él, pero también experimentaba una sensación de triunfo ya que Jorge era amigo de mi admirada hermana Ada, incluso, por qué no, hasta quizás un rollete, y yo podía quitárselo. Tonta e ingenua de mí que no vi que lo único que había entre ellos era el puto caballo y algo de sexo puro y duro, pues Ada era una tauro ardiente y sensual.

Recuerdo ahora la mañana en la que me pegó la primera hostia. Por aquella época estuve dos meses poniendo copas en el bar de Toni. Jorge acudía allí de vez en cuando; en una ocasión llegó con una de sus novias, de su misma edad. Ambos me sacaban quince años. A la semana siguiente apareció solo y no se movió ni un minuto de la barra. Hablaba sin parar y se hacía el gracioso cada vez que algún cliente me decía un piropo. Era como si estuviera marcando el territorio, igual que los perros. Volvió un sábado acompañado por su novia, a la que no hizo ni caso. Se tomó seis o siete cubatas, bien cargados de ron, y con un pedo tremendo recorría la barra tambaleante con el vaso en la mano, hablando bajo sin que nadie pudiera descifrar lo que decía. Se quedó hasta que echamos el cierre y entonces se agarró a mí como una lapa, porque se le había perdido una lentilla y no veía un pijo. Al final, aunque no quería ponerse las gafas, no tuvo más remedio, porque me negué a montarme en su coche si no lo hacía, a no ser que condujese yo, a lo que se negó, pues cuidaba su auto más que a las niñas de sus miopes ojos. Llegamos de milagro y a punto estuve de bajarme cuando parábamos en los semáforos, pero me daba pena. ¡En mala hora!, que es verdad que por la pena entra la peste, porque esa misma noche se quedó a dormir en casa.

A la mañana siguiente se despertó sobre la una. No sabía ni dónde estaba. Cuando empezó a darse cuenta comenzó a dar voces preguntándome por su cartera y su reloj Rolex. Le dije: «Mira, tío, no sé de qué coño hablas», y me metió una hostia que me estampó contra la pared. Al ver que buscaba por la cama y debajo de la almohada, recordé que antes de dormirse había guardado algo bajo el colchón. Se lo dije; sudoroso y mascullando lo levantó. En efecto, allí estaban el Rolex, la cartera y la madre que lo parió... Se sentó en el borde de la cama y comprobó que no le faltaba nada; tenía el caballo, el dinero y lo que llevara. Le pedí que se vistiera y se fuera, no quería volver a verlo, a pesar de que no hacía más que pedirme perdón. Estaba allí por culpa de Ada, quien, por lo visto, ya le había mangado otras veces; por eso no se fiaba.

«Y a mí qué me cuentas», le dije. Yo no era ella y el bofetón me lo había dado a mí. No aguantaba que nadie me pusiera la mano encima y decidí no volver a verlo.

Estuvo algún tiempo sin aparecer, pero llamaba varias veces al día para pedirme perdón y jurarme que nunca más volvería a suceder. Era tan pesado y estaba tan acostumbrado a salirse con la suya que al final cedí y, ya ves, se convirtió con el tiempo en mi marido y me dio varias palizas, no una sola hostia...

¿Qué parte de responsabilidad le correspondía en mi enganche, teniendo en cuenta que era quince años mayor que yo y otros tantos adicto al caballo y a la coca?

A los trece años me fui a vivir con él y más tarde lo abandoné por culpa del caballo. Había intentado por todos los medios que me enganchara a él, para así tener la coartada de decir que la enganchada era yo y él el sacrificado que por amor gastaba todo su dinero y hasta era capaz de robar a sus padres, para satisfacer mi vicio. Aun así, sería mi único marido; con otras parejas no me casé, quedé suficientemente escaldada como para no volver a tropezar en la misma piedra. Además de colega de copas y caballo de Ada, pude comprobar durante nuestra convivencia, y después del divorcio, que fue la peor y más ruin y depravada persona que haya conocido jamás.

CAPÍTULO CINCO

Las excentricidades sexuales de los hombres, a cualquier edad, son infinitas, pero mi marido Jorge Schneider me había enseñado casi todo. Nada me sorprendería años después en el trabajo de puta.

A pesar de aparentar tener mucho dinero y haber ido a los colegios más caros y famosos de su país y de España, Jorge nunca te gustó nada.

Hace tiempo que aterrizó en el aeropuerto de Barajas, junto a su hermano pequeño Aníbal y a su madre, que era aún una joven y atractiva paraguaya de aire exótico y rasgos de india —en Europa estaban a la última moda—, con algunos dólares, equipaje de piel de cocodrilo de formas clásicas y anticuadas, pero auténtico, y una pomposa acreditación diplomática como cónsul militar de Paraguay en España, nombramiento respaldado con un sello seco de la Presidencia de la República y la firma autógrafa del entonces presidente de aquel país, un descendiente de alemanes.

En efecto, la madre de Jorge descendía por línea directa del último ministro de la Guerra de Paraguay, que se había ganado el cargo a comienzos del siglo XX en la guerra de El Chaco y llegó a presidente de la República. Sus méritos y el respaldo del partido demócrata-liberal, en el que militaba, contribuyeron a que lograse la Presidencia en unas elecciones limpias y democráticas; las únicas en la historia de aquel país hasta la fecha. Pero además sobrevivió a más de veinte intentos de golpe de Estado, con atentados contra su integridad física. Gente de mucha prosapia, como diría el abuelo, con más medallas y títulos políticos que dinero y en busca de un señorío que aquí, por las buenas, no se les reconocía.

Así que, en cuanto se instalaron en un lujoso apartamento del barrio de Salamanca de Madrid, adquirieron un deportivo europeo que sólo manejaba la madre, se vistieron a la moda del viejo continente y celebraron un par de veladas en su mansión. Asistieron la flor y nata de los paraguayos residentes en Madrid, con su embajador a la cabeza; algunos diplomáticos; periodistas de la prensa rosa atraídos por los nombres, ya famosos por aquel entonces aquí, de modistos y artistas de países vecinos como Uruguay y Brasil, más algún conocido nazi alemán de paso por España. Eran muchos los que se ocultaban en enormes mansiones situadas en las intrincadas selvas brasileñas, que convertían los refugios en lugares inaccesibles.

En Paraguay, Jorge se había codeado con los hijos de las mejores familias de la sociedad iberoamericana. En España siguió haciéndolo y, más tarde, conoció a algún moro millonario que tenía su yate aparcado en el puerto Banús de Marbella, donde vivió junto a su familia, la biológica paraguaya y la española, tras casarse su madre con un hombre de negocios de aquí.

Este señor, de origen vasco, había conocido a la familia paraguaya hacía doce años, casi recién llegados a España. A ella en un bar de copas ubicado en la calle Lagasca, llamado Daroga, que aún permanece y sigue siendo lugar de reunión de jóvenes y atractivas señoras, la mayoría llegadas de la América de habla hispana y, en los últimos años, algunas de las exiliadas de la Europa del Este, que ostentaban títulos académicos e incluso algunos nobiliarios, pero no encontraban acomodo laboral ni social en nuestro país. A última hora de la tarde llegaban los clientes masculinos, hombres de edad madura, ejecutivos en su mayoría, que buscaban la tertulia y la compañía de aquellas bellas mujeres, un aliciente para escapar de la soledad y el desamparo que les proporcionaba su estado civil, así como la falta de trabajo.

Lo pude constatar un día hablando con Isabel, que así se llamaba la madre de Jorge, cuando empezó a nombrar a mujeres de las que te había oído hablar porque eran amigas tuyas, como Irma, la peruana que murió a manos de un yerno negro y loco, que tras matarla utilizó su sangre para hacer pintadas por toda la casa, en la que la mujer vivía con sus otros tres hijos, y luego él se arrojó por la ventana. Un drama que ocupó espacio en los medios informativos, supongo que porque ella se dedicaba al mundo de los negocios inmobiliarios y, desde que llegó a España, sus romances con personajes conocidos de la vida pública española la convirtieron en noticia de la que entonces ya llamábamos prensa rosa. De esta pobre señora es de quien más me acuerdo por su trágico fin, pero también le había oído hablar de ese bar a otras conocidas tuyas, que lo frecuentaban solas, o con sus parejas.

Siguiendo con el padrastro de Jorge, es cierto que no era un adonis, pero tenía mucha pasta y un floreciente y legal negocio: una gran fábrica de grifos de patente francesa en el nuevo polígono industrial de Alcalá de Henares. Daba empleo a cien trabajadores, titulados, técnicos superiores, de grado medio y personal subalterno. Sus hijastros, Jorge y su hermano, formaron parte de esta última categoría; el primero como jefe de almacén y el segundo como ayudante del muelle de carga. El buen hombre estaba harto de recorrer por ellos los mejores y más caros colegios de nuestro país en los que duraban lo que el agua en una cesta. Así es que los tenía colgados a la chepa, amargándole la vida y enturbiando sus relaciones con su joven, bella y ardiente esposa, que hacía diez años le había convertido en padre biológico de una preciosa niña y en el hombre más feliz, agradecido y enamorado.

Debido, precisamente, a los disgustos que le causaban los dos hermanos, que ponían en peligro su unión, decidió ponerlos a trabajar en su fábrica, en un puesto en el que ni la inteligencia ni los conocimientos técnicos fueran condición indispensable. Suponía que lo poco que habían aprendido, después de tantos años de ir de escuela en escuela, bastaría para convertirlos en ciudadanos válidos y más o menos dispuestos a vivir por su cuenta. Cuando el hecho estaba consumado se lo comunicó a la esposa y madre de los que enturbiaban la paz hogareña que tanto le había costado conseguir.

—Creo —le comentaba en el lecho matrimonial— que ésta ha sido, sin duda, una de las decisiones más acertadas de mi vida y espero que sirva para que todos nos sintamos mejor, más unidos y con la esperanza de que pronto vuelen de aquí y se vayan a vivir su propia vida. Mañana, si te parece, cuando estemos todos, hablaremos más extensamente del tema, ¿estás de acuerdo, mi amor?

Antes de que respondiera, apagó la luz y suspiró profundamente. Se le había quitado un enorme peso de encima y suponía que lo mismo sentiría ella.

¿Fue entonces cuando surgió la idea de casar al mayor de los hijastros? Creo que sí, estaba en el paquete de soluciones prácticas para lograr alejar de la casa materna a los molestos hijos, que gracias también a la paciencia y al dinero de aquel hombre habían logrado sendos títulos de bachilleres en los colegios españoles más caros.

En el nuevo trabajo los chicos se encontraron bien desde el primer día; les compró coches nuevos y les pagaba, a través de la nómina, un extra para comida. Nadie dudaría que era un patrono excepcional y se comportaba mejor que el padre de verdad. Cuando poco después empecé a frecuentar la casa que tenían en una urbanización de lujo en las afueras de Madrid, comprendí que aquel hombre pagaba también de esta manera la felicidad hallada en su actual pareja, y que en el primero y anterior matrimonio no había encontrado.

A los dos hermanos les hizo la vida más fácil el comenzar a trabajar en la fábrica, pero allí fue donde pronto empezarían a trapichear, sobre todo Jorge, con los vecinos gitanos, cambiando por costo —hachís, coca y caballo—, cajas enteras de grifos recién llegadas al almacén, que inmediatamente salían de allí, con la firma del mayor de los hermanos Schneider, bajo la denominación de chatarra. Sólo en su ausencia firmaba el pequeño, pero no era frecuente, ya que desde que habían sido ascendidos, por medio, en concreto, de un aumento de sueldo, Jorge se había convertido en un empleado modelo de puntualidad y dedicación.

Cuando lo conocí, para mi desgracia, creí que la opulencia del hombre al que llamaba padre era un farol. Pero lo cierto es que el padrastro había demostrado, con su talento para los negocios, que valía mucho, y no sólo por la enorme fortuna que tenía colocada hasta en bancos extranjeros sino por lo aparente de su vida familiar y social. Compró patentes francesas, alemanas e inglesas y fabricó multitud de elementos de fontanería y saneamientos. Pero su mayor triunfo fue el grifo, de patente francesa, que ahorraba agua y que vendió prácticamente a toda la hostelería de nueva construcción, sobre todo en las islas y en las regiones con escasez de agua y pocos recursos para incorporar modernas técnicas que remediaran el problema, que lo era e importante en algunos lugares, como las Canarias.

Fundó una sociedad anónima que englobaba sus pequeñas y grandes empresas y cuyos accionistas eran, aparte de él mismo y algún pariente muy cercano, todos los Schneider Columena, es decir, los hijos de su actual mujer y ella misma. Él, presidente, gerente y director, se apellidaba Arbeola y su única hija legítima y biológica, Lilith Arbeola Columena —nombre y apellidos sonoros donde los haya— podría convertirse cuando él faltara en presidenta de la empresa y casarse con quien quisiera, mejor si era español y de buena familia.

También tenían sus trapos sucios; la madre, a pesar de tener ya la nacionalidad española, conservó la paraguaya. Como pude saber eran muchas las prebendas fiscales y económicas que beneficiaban a todos y más si alguna vez utilizaba el nombre de Jorge, que se llamaba igual que su padre natural. Lo curioso del caso es que este chanchullo convertía a Jorge sobre el papel en cónyuge de su madre.

Una noche después de cenar en casa y como se le hizo tarde y había tomado más copas de las habituales, mezclándolas con rayas de caballo y coca, se quedó frito en un sofá; intenté despertarlo pero fue imposible. Sus inevitables acompañantes, la enorme y hortera radio y el ventilador, le servían de música para dormir y así nos quedamos los dos en casa en un sofá del salón, supongo que por cubrir las apariencias, aunque yo me acosté con él (no sé siquiera si mis hermanas, con las que compartía dormitorio, se enteraron). Al día siguiente llamó a su hermano a la fábrica para pedirle el favor de que le metiera una trola al padre para excusar su asistencia, y volvió a acostarse dispuesto a echarme un polvo y seguir durmiendo, como si estuviéramos solos en su casa. Cuando Conchi llegó a casa, oyó una radio a todo volumen y vio luz en la habitación, asomó la cabeza esperando que no hubiera nadie y allí nos encontró, medio en pelotas y abrazados en el sofá, con un enorme aparato de radio en el suelo sonando a todo gas y, ¡para colmo!, un ventilador de aspas sobre la mesa, que había despedido las cenizas y las colillas del cenicero por toda la habitación. Encima había cristales en el suelo pues habíamos abierto una botella de champán y utilizado dos copas de la cristalería «para las ocasiones», como tú decías, que se habían hecho añicos al estrellarlas, celebrando al estilo ruso la nueva moda de dormir que se llevaría a partir de entonces en casa. Al ver el suelo hecho una porquería, con restos del líquido desparramado por todas partes, Conchi dijo que era una lástima que un champán tan caro como el de La Viuda se lo hubiese bebido el suelo.

Como es natural nos despertamos. Yo me quedé muda y él, desnudo en medio de la habitación, apenas se inmutó, llamó de usted a Conchi y se puso a buscar sus gafas. Tras vestirse con aire altanero, recogió sus bártulos y se fue a la calle con un: «Luego nos vemos. Chao.» Salí corriendo tras él y si no llega a ser por Conchi, que estaba indignadísima, aparezco en la calle medio desnuda. Poco después, ella me anunció que no tenía más remedio que decírselo a mi madre, para que tomara las medidas oportunas. Me había pasado un pueblo, según su opinión.

Creo que lo hizo, pues tú me echaste la correspondiente bronca y no te cortaste un pelo en hacer lo propio con él, con el «Negro» —como le llamaban mis hermanos y sus amigos, aunque su madre lo apodaba «Tuli», diminutivo de tulipán, porque de bebé era, según ella, rubio y bello como esa flor—. Pasó algún tiempo y continuamos hasta que llegaron las Navidades —casi seis meses ya—. No sé por qué seguía igual de colada o más, hasta el punto de que me parecía el más maravilloso de los hombres.

Antes de pensar siquiera en casarme con él, conseguí que viviéramos juntos en una pequeña casa. Tanto habíamos hartado a mi madre y a toda la familia, incluida Conchi, con nuestro amor desenfrenado y los ruidos insoportables que producía Jorge con aquellas costumbres malditas y horteras que, al fin, mi madre, a pesar de mi corta edad —repito que no había cumplido los catorce—, consintió en que viviera con él fuera de su lado. (Añado que a mí no se me ocurrió contarle que tres o cuatro meses antes Jorge ya me había propinado una tremenda paliza y dos o tres más suaves, que no fueron moco de pavo.) Si ella lo hubiera sabido, estoy segura de que ya podría haberme puesto más brava que un toro de mihura que no hubiera consentido que me fuera. No voy ahora a arrepentirme de ello porque no serviría más que para volverme loca, sin resolver nada.

Vivimos primero en una casita mínima dentro del recinto de una mansión señorial, con cuidado jardín y piscina, en una zona residencial camino del aeropuerto de Barajas. Calculo que la nuestra, en algún momento, debió ser la vivienda del guarda o jardinero. Parecía hecha de papel, tanto que así la llamábamos. Sabes que en casa no daba palo al agua y te quejabas por ello y en general por el desorden que reinaba en nuestro cuarto; bien, aquí tenía que hacerlo todo, desde fregar, cocinar y lavar a mano, hasta administrar no sabía qué. ¿Tenía dinero? No sé, yo no veía ni un duro. Por no disponer no tenía ni siquiera mi tiempo, ni mis amistades, prácticamente prohibidas, ni un teléfono para llamarte. Tampoco tabaco ni hachís, aunque él llevaba siempre en su coche. Dejé de estudiar por falta de tiempo y de dinero, de leer y... ¡de todo! Si antes fumaba cuanto quería, ahora sólo lo hacía cuando a él le parecía oportuno, y no por falta de tabaco, que se lo regalaba su madre: rubio, americano auténtico, comprado en la embajada de su país al precio al que se lo ofrecían al cuerpo diplomático. Ella le daba cartones y él los dejaba en el coche, cerrado con llave hasta cuando llegaba a la casa, y al que yo sólo entraba cuando íbamos a algún sitio a pillar, bien distinto, por cierto, de los que frecuento actualmente.

Un sábado por la mañana aproveché que Jorge estaba en la ducha y fui a llamarte desde una cabina a televisión, porque recordaba que ese día te ibas muy temprano a montaje para dejar listos los programas de la semana del espacio que dirigías. Quería invitarte a comer el sábado siguiente; te di la dirección y te expliqué cómo llegar desde Prado del Rey. A Jorge no le dije que había hablado contigo, ni que te había invitado a comer; se lo diría el día anterior, y así la compra que solíamos hacer los viernes sería más abundante y no te darías cuenta de las estrecheces en que vivíamos. No supe nunca cuánto ganaba, ni los extras que le daba su madre cada vez que lo veía, pero a él nunca le llegaba a fin de mes, teniendo en cuenta los dinerales que empleaba en conseguirse sus drogas y lo hipócrita que era. Supongo que lo notaste aquel sábado nada más cruzar la puerta del jardín, donde estaba situada nuestra mínima casita de papel. Las sonrisas, los halagos y los buenos vinos que te ofrecía, procedentes de la bien surtida bodega de su padrastro, eran para hacerte el clima de lo más agradable, y al final de la comida pedirte gentilmente que le avalaras un crédito de medio millón de pesetas. Para convencerte empleó toda clase de sutiles mentiras y tú creíste que ese dinero iba a ser para que yo me arreglara el pelo, las uñas y renovara mi vestuario, porque, según decía, estaba harto de que su madre me vistiera con las ropas que ella o su hija desechaban. Te convenció y quedasteis para el martes siguiente en el banco a las ocho y media.

Así fue, si mal no recuerdo, hasta que nos fuimos de la casa y le dieron una indemnización, entonces le exigí a mi suegro que pagara aquel dinero que se había multiplicado hasta que tú te hiciste cargo. Estuvo de acuerdo y lo pagó, pero no las costas de los intereses devengados, que el juzgado te reclama en la actualidad a ti, casi tanto dinero como el medio millón que le avalaste. Yo misma mandé una carta al que fue mi suegro con fotocopia y me la devolvieron. ¿Qué decirte, madre? Tú sabes que lo siento y yo misma te lo pagaré... no sé cuándo, pero te lo pagaré.

¿Por qué me casé con aquella bestia? No lo sé, madre, te lo juro. Pienso, cada vez con mayor fuerza, que tuvo mucho que ver el saber que Jorge, además del colega yonqui de Ada, había sido, incluso ya enrollado conmigo, amante de mi hermana. También influyó la diferencia de edad, que además de darme morbo, asemejaba a Jorge con mi padre. Cuando al primero le llamaba cabrón, tenía la sensación de estar insultando al segundo.

Lo peor del caso, y no me pasaba desapercibido, es que me había convertido en fumadora pública de porros de hachís y cultivadora de marihuana en aquel jardín maravilloso que rodeaba nuestra casa de papel, llegando a tener un arbusto tan alto como yo. Pero el acceso a la coca y al caballo lo tenía terminantemente prohibido, no en atención a mi edad, sino por la sencilla razón de que él estaba muy enganchado y era más caro.

Aquella primera visita que nos hiciste, madre, fue providencial. Durante la conversación, nos ofreciste figurar en el programa que dirigías en televisión, como protagonistas de los espacios que dedicabas al ocio de las familias. Nosotros íbamos de pesca casi todos los domingos y a veces los puentes y los fines de semana. Cargábamos la tienda de campaña y los útiles para pescar y nos íbamos a los alrededores de los pantanos o de los ríos trucheros. Nos ofreciste bastante dinero por jornada y eso te redimió ante los ojos de Jorge, porque él, como puedes suponer, tenía que cubrir de alguna manera sus caros vicios. Reanudamos las visitas y conseguí que fuéramos a comer a casa bastante a menudo. A ti seguía sin gustarte él, porque era prepotente, machista y un nuevo rico, de los que mangaba botellas de vinos caros en la bodega del padrastro sin saber si estaban o no pasadas de fecha, y se empeñaba en que los vinos caros, aunque estuviesen pasados, había que bebérselos. «¡Cuesta treinta talegos, tía!», y tú le respondías: «Pero no me voy a morir, rico.» Y le repetías: «Eres muy burro, Jorgito grifos, que sólo sabes hablar de grifos y de los kilos que tiene tu viejo.» Además intuías, y eso te hacía sufrir, que se metía caballo cuando se encerraba horas en el cuarto de baño. ¡Es tu sino, madre!

Nos mudamos de casa y terminamos viviendo en Alcalá, en una urbanización cercana a la fábrica del padrastro. Pensaron que sentaríamos la cabeza y que su hijo se convertiría en un hombre útil y digno, algo imposible de conseguir. Quizás fuera debido al exceso de protección materna, al ascendente que esa mujer ejercía sobre los hombres de su entorno, y conste que lo hacía más por cubrir las apariencias con la moral de la cerradura que por bondad o convicción. Muy pronto descubriría para qué me necesitaba. Cuando lo creyó oportuno, me acusó de que había instigado a su hijo para que entrase en el mundo de la droga, pues la había mamado desde mi infancia. Su hijo quedaba limpio de polvo y paja, culpable tan sólo de falta de voluntad. Ésa fue su excusa para que no me permitiese invitar a Ada a mi boda; tú podías venir, pero sin acompañante.

En cuanto nos mudamos, Jorge empezó con sus incursiones nocturnas a la fábrica, y lo peor de todo es que me pedía que le acompañara. Se excusaba diciéndome que había olvidado unos papeles en la oficina y los necesitaba para terminar un trabajo de contabilidad. Yo le ayudaría porque, según él, era muy hábil con los números. Además, tendría la misión de vigilar y alumbrar con una linterna, para que nadie nos descubriese, pues lo que pretendía «trabajando por la noche» era darle una sorpresa a su padrastro. Sin embargo, sus verdaderas intenciones eran robar albaranes. El padrastro alertó a la policía y, tras hablar con su hijastro, llegó a la conclusión de que los culpables podían ser algunos gitanos desarrapados o los sudacas de un poblado marginal cercano. Lo que nunca imaginó es que fuera el propio hijastro, quien, para colmo, me usaba a mí porque yo era más ágil y habilidosa para entrar, romper cristales y no dejar huellas.

Pero la policía nos encontró una noche con las manos en la masa y no hubo disculpas que valieran, todo el marrón nos cayó encima y el padrastro se hartó. Retiró la denuncia «por no darle un disgusto a tu madre», y con la condición de que nos casásemos, fórmula infalible, según él, para sentar la cabeza. Creyó en nuestro arrepentimiento y nos puso en cuarentena; en caso de no responder adecuadamente nos mandaría, desterrados, a Paraguay.

Los dos meses que mediaron entre el ultimátum del padrastro y la boda pasaron volando, entre preparativos y disimulos para aparentar que estábamos limpios de droga. Yo entonces sólo fumaba porros, bebía Coca-Cola y cerveza en verano y no tenía más vicios. Tardé bastante en adquirirlos gracias al gran enganche de Jorge, que no estaba dispuesto a compartir su droga con nadie. Pero las idas y venidas a la fábrica no habían cesado, incluso a pesar de que a él le subieron el sueldo, de que su madre nos ayudaba haciendo la compra para más de una semana y de las continuas invitaciones a su casa de Fuente.

La farsa de la boda se celebró dos meses después, exactamente el 7 de julio de 1987 —¡San Fermín!—, en los juzgados de la calle Pradillo. Acto seguido fuimos al RACE para tomar el aperitivo y la comida. Acudieron más de cien invitados a los que no conocía; las señoras ataviadas con trajes de fiesta, brocados, joyas y pieles (a pesar de que aquel día hacía un calor agobiante) que sacaron de su armario, del de las amigas y hasta de las tiendas de alquiler... Fue una jornada triste, entre otras cosas, porque tú no estabas, pues te impusieron la condición de que no llevaras a Ada contigo, se notaba demasiado su adicción —ahora entiendo y comparto el motivo de tu ausencia.

Pero si nunca me perdoné vuestra ausencia, hay algo de lo que aún me arrepiento más, porque aquella boda fue una farsa en la que me sentí como una puta, más aún que cuando luego lo fui para conseguirme drogas. Fue una especie de predestinación. Ahora que estoy enganchada, recuerdo a mi querida hermana mayor y le pido perdón todos los días de mi vida por haberla insultado y marginado.

Parecía que lo de la boda y la casa nueva habían surtido efecto en mi flamante marido. En el momento en que salimos del banquete nupcial y fuimos a nuestra casa a recoger los bártulos para el viaje de novios —destino San Sebastián (ya he dicho que mi suegro era vasco)—, gastó la mitad del dinero que nos dio su padrastro para la luna de miel en sus dosis de caballo y coca, que iban siendo mayores a pasos agigantados. No pudimos alojarnos en el hotel María Cristina, entonces el mejor y más caro de San Sebastián, y tuvimos que sustituirlo por uno de dos o tres estrellas, cuyo único parecido con el otro eran las vistas al mar. Cambiamos también los mejores restaurantes por pintorescas tascas de la parte vieja, en las que Jorge pronto se enteró de dónde se podía pillar. Como siempre, me llevó a mí, y también, como desde el primer día, quiso que lo probara, sobre todo el caballo. Estaba empeñado en que consumiera y al principio no lograba entender por qué; poco más tarde, sí. Si yo consumía, tendría la excusa necesaria de cara a la galería, léase padrastro (que soltaba la pasta), madre, etcétera. Les podría hacer creer que él, antes de conocerme, no se metía nada, más que algún porro. Pero, ¡ay!, desde que entré en su vida, a pesar de tener quince años menos que él y de no haber salido del cascarón, era una adicta, por culpa de mi hermana, hasta el extremo de haberle amenazado con un cuchillo para sacarle pasta y, claro, ante el peligro, tuvo que ir él mismo a comprarme... No te lo había contado nunca, ¿verdad? Lo siento, pero ahora ya sabes con quién me casé, lo que pasa es que cuando él tenía dinero era imprevisible saber cuánto se iba a meter, no sólo de heroína, sino también de coca —para subir el tono vital que el caballo deja por los suelos—, y luego el porro para estabilizar... Un lío, pero es más o menos lo que yo me meto ahora, en pequeñas cantidades; él hablaría de gramos y, yo, de... micras, una medida un tanto anticuada, pero que los gitanos conocen muy bien. En esta ocasión me asustó comprobar que ya se había metido todo lo que compró en Madrid, porque necesitaba más y tan sólo hacía día y medio de ello.

De vuelta a Madrid —entre viajes y todo no habíamos estado fuera ni tres días— no tenía un duro. Lo único que se le ocurrió es ir a tu casa y que yo, delante de él, te contara la milonga de que nos habían robado, que a mí me habían dado una paliza —así justificaba los moretones y el ojo a la virulé, todo ello consecuencia de la paliza que me habían metido los supuestos ladrones, que también querían violarme— y pedirte dinero. En caso de que no nos lo dieras, yo me las compondría para quitártelo y esto es lo que hice. Tú te diste cuenta, no me dijiste nada delante de él, pero bastó con tu mirada para dejarme fulminada. Te juro que era la primera vez que te robaba, perdóname, pero le tenía tanto miedo...

Cuando llegamos a nuestra casa, y como no había visto si me dabas o no el dinero que te habíamos pedido, empezó a insultarte y darme empujones. En cuanto cruzamos el dintel de la casa me pegó un empellón que me hizo aterrizar en el centro del salón, y con el segundo patiné de rodillas para ir a clavarme el pico de una mesa de metacrilato, colocada en el centro de la habitación, en la sien izquierda, con esto quedé atontada unos minutos. Pero lo peor y más escandaloso es que me hizo una tremenda brecha y empecé a sangrar como un cerdo. Cuando a duras penas me pude levantar del suelo, noté que me abandonaban las fuerzas y que la sangre que brotaba de la herida me impedía ver. Oí cómo se cerraba la puerta y temblé de miedo; pronto estuvo junto a mí y sentí el frío del acero de una navaja en la mejilla izquierda. Le supliqué que no me hiciera más daño, que se tranquilizara y me dejara en paz, ya tendríamos tiempo luego de pensar de dónde sacaríamos pasta.

Debió de asustarle la sangre porque retiró el acero y, acariciándome y limpiándome la sangre con su mano, me llevó hasta el cuarto de baño y mientras me curaba y se horrorizaba, supongo, por su barbarie, tuve la sensación de que entraba en un enorme sarcófago que olía a limón podrido, un olor que sólo me traía malos recuerdos relacionados con la heroína. Creí que había muerto y por ello me sorprendieron las palabras de Jorge: «Pobrecita mía, ¿quién te ha hecho esto?» No podía creer lo que oía y menos en boca de mi verdugo, inaudito, ¿no? Opté por callar pues lo mismo pasó la última vez que me maltrató y, como me enfrenté con él, arreciaron los golpes. Me curó y, mientras, me hablaba dulce y suavemente al oído, con una voz que no parecía la suya; hasta eso cambia en los yonquis... No podía creer que fuera la misma persona y tuve la sensación de estar volviéndome loca mientras me cogía en brazos y me llevaba hasta la cama. Subió la persiana y abrió de par en par la ventana. Intenté abrir los ojos y el derecho no respondió, el párpado superior estaba pegado por la sangre seca. Empecé a llorar a borbotones y se abrió y comprobé que las lágrimas eran sanguinolentas; tuve deseos de salir corriendo, pero todo el cuerpo me dolía y no podía incorporarme. Comprobé que estaba sola en la habitación. Lo llamé, primero bajito, luego más fuerte y no me respondía nadie. Tuve miedo, ¿qué me iba a pasar? Nunca había echado tanto en falta un teléfono y soñaba contigo y con tu casa... tenía que hacer algo... no podía quedarme allí esperando a que volviera y tampoco me atrevía a moverme. Perdí la noción del tiempo y como pude me arrastré hasta la ventana para ver si divisaba su coche o a él. Distinguí su odiosa y temible silueta en el quiosco de prensa situado en la acera, frente a la casa, y en lugar de tranquilizarme me asusté más ante la idea de que volvería en breve, pero vi cómo cruzaba la calle en dirección a la farmacia y eso me animó a vestirme e intentar salir corriendo. No me dio tiempo, sentí cómo abría la puerta y me encomendé a ti, madre, imaginando que te presentarías en cualquier momento para salvarme.

—Pero, ¿qué haces levantada? —me preguntó con voz cariñosa y meliflua—. Vuelve a la cama, preciosa, y no te muevas que voy a curarte. Pobrecita mi niña que se ha asustado porque estaba solita. Tu «tulipancito» ha ido a comprar lo necesario para curarte y tú eres una niña mala por no esperarlo y pensar que te había abandonado, ¿a que has pensado eso, mi amor?

¡Qué asco!, ¿cómo se atreve el muy cínico?, pero este hombre está loco, pensé. Es él quien está loco, no yo. Y tuve más miedo pero no me atreví a despegar los labios. Esperé y esperaría lo que fuera preciso para que se quedara frito y dar con la manera de convencerlo para que no fuéramos a tu casa, utilizando como excusa que me verían y no se iban a creer que yo sola me había puesto como un cristo.

Pareció convencerle el argumento y entonces me pidió muy amablemente que cuando me encontrara mejor fuera con él a la fábrica y le ayudara a mangar algunas cajas para llevárselas a los gitanos. Una cosa estaba clara, ya se había metido todo y estaba con necesidad de más. Dios mío, era mucho, muchísimo, lo que había comprado en tres o cuatro días y no podía creer que ya se lo hubiera metido todo. Fue entonces, te lo juro, madre, cuando me di cuenta de cuál sería mi destino. Por eso he dicho en algún momento que Jorge, su millonaria familia, y todo el engaño en que vivíamos, fueron los componentes necesarios para lanzarme al pozo sin fondo y sin regreso de las drogas... Y entonces sí que lloré amargamente, sin poder detener las lágrimas. Sólo me faltaba el último paso: Paraguay, y temía que por la marcha de los acontecimientos estábamos a punto de darlo.

Presentía que tendríamos que marcharnos muy pronto, pues el padrastro de Jorge ya nos dio un primer aviso y el golpe estaba al caer. En cuanto supiera todo lo sucedido durante el viaje de novios, se destaparía la olla de los truenos y ya me imaginaba el resto de la película, que desde luego no sería de risa.

A nadie le conté los malos tratos físicos a los que Jorge me sometió desde que fui a vivir con él. Había veces en las que no salía, ni siquiera para ir a tu casa, con el fin de evitar las preguntas, pues los golpes habían dejado señales en mi cara y en mi cuerpo. Ahora sé que, de haber hablado, hubiera evitado la boda y mi marcha a Paraguay, donde me hice adulta y astuta, pensando siempre en escapar de allí, de la tiranía del prepotente, porque en su tierra era Dios. Un auténtico dictador con el sello y las hechuras de sus ancestros guaraníes y germanos.

Nunca lo he contado ni creo que lo sepa nadie: la primera vez que huyo de Paraguay —era el 13 de agosto del año

1988— y llego a Madrid, lo primero que hago es buscar trabajo, ¿te acuerdas? Fue difícil pues en todas partes me decían que era un mal mes y esos rollos. Cansada, decido buscarlo en las páginas de un periódico; encuentro uno que me parece pueden darme. Citaban a las aspirantes a unas horas determinadas. Llegué tarde; como era sábado y ya las siete de la tarde, pensé que no habría nadie. Llamé a la puerta, en la que no ponía nada y esperé, al cabo de un rato me abrió un tío maduro, canoso, con barba, en mangas de camisa y descalzo que, evidentemente, salía de la ducha. Tras echar una ojeada al interior del apartamento, vulgar y corriente, y estar a punto de darme media vuelta, me agarró del brazo y me metió hacia dentro: «Qué pena que te hayas retrasado porque no sé si me va a dar tiempo de ponerte al corriente de... —mientras dice esto sonó el telefonillo y añadió apresurado—: quédate y cuando entre el señor que ha llamado tú haces como si fueras mi pareja y me sigues el rollo.» Apareció un tío, un señor con buena pinta, mayorcito. De repente, el otro me dijo: «cariño, siéntate», y al señor: «tranquilo, tranquilo, si para eso está aquí» y, sin más, se puso a follar conmigo mientras el otro miraba sin participar en nada. Cuando terminamos y el señor se fue, me dio veinticinco mil de las cincuenta que le había soltado el otro tío y, con una palmadita en el hombro, me llevó hasta la puerta, diciéndome que le llamara el lunes... ¡Pero hostia!... fue lo único que se me ocurrió... Me pilló tan de sorpresa... Y no volví porque me fui a Paraguay. La verdad es que no entendí nada; remiré de nuevo el anuncio —que aparecía en la prensa todos los días— y no tenía nada que ver con esos otros en los que pone: «Matrimonio, para mirones sólo 50.000 pesetas/hora.» Lo que sí que es casualidad es que al tipo que me folló lo volví a ver otra vez en General Perón (ya sabrás de esta historia más tarde). Se llamaba Andrés y no se acordaba de mí. Supe que era socio de Fernando, el dueño del negocio de prostitución, y debían de estar forrados.

CAPÍTULO SEIS

Marcos, amigo y vecino de Jorge, nos visita con frecuencia y es un encanto. A mi regreso de Paraguay, casada y sola, termino yendo a vivir con él a su casa. Fue el hombre de mi vida y lo sigue siendo. Verano del 90 a verano de 1994: Mi vida da un giro importante a peor.

Lo único que alegraba aquel panorama tan vulgar y miserable era la visita de Marcos, que se presentaba sin avisar y comía lo que hubiera, trayendo siempre un regalo práctico, una historia divertida y una sonrisa. De la misma edad que Jorge, parecía mayor si lo primero que se veía de él era la cabeza, coronada por un magnífico pelo blanco, brillante y rizado que solía llevar muy corto, y aunque no era lo que se dice guapo, resultaba muy atractivo. Más alto que Jorge y quizás más grueso, parecía el hermano pequeño de su amigo. Cuando estaban juntos la conversación se centraba en los divertidos veranos pasados, que coincidían con las vacaciones. Relataban las mil y una aventuras y machadas de toda índole que pueden protagonizar dos adolescentes que descubren juntos la virilidad y el sexo. Si yo estaba sola, como sucedía la mayoría de las veces que se acercaba a vernos con la manida disculpa de que pasaba por allí, era distinto y su conversación resultaba más culta, amena y variada. Lo primero que yo le preguntaba era por su novia y siempre me contestaba lo mismo: «¿cuál?». Me dejaba muda y con una tremenda sensación de ridículo; comprendo que tenía toda la razón del mundo, así que captaba la indirecta y cambiaba de rumbo para entrar en algún tema más interesante. Me gustaba Marcos, no lo niego, pero juro que nunca hubo nada entre nosotros mientras estuve con Jorge. Eso sí, la segunda y definitiva vez que regresé de Paraguay con el firme propósito de no volver allí, ni a ver a mi marido, lo llamé corriendo y nos vimos aquella misma tarde.

A los pocos días, era el verano de 1990, me fui a vivir con él a su casa de la urbanización de lujo situada en la carretera de Burgos, ocupada aún por su madre, ahora viuda, y sus hermanos. Qué jugadas de la vida, porque sin pensarlo también me convertí en vecina de Jorge y de su familia, quienes por no dejar solo a su hijo —no conocían otras razones—, me negaban hasta el saludo.

Con él comencé una vida distinta, de trabajo honrado conjunto, dejando la diversión para los fines de semana. Sería el hombre con quien me uniría durante años, viviendo respetada, dignificada y libre, en aquella mansión, ya anticuada, pero sólida de Fuente del Fresno.

Nuestra casa se convertía entonces en el punto de encuentro de los más variopintos amigos, hijos de escritores, pintores e intelectuales famosos. Su madre, magnífica cocinera, nos mimaba a todos, y en cierto modo agradecía el bullicio que armábamos. Le recordaba los buenos tiempos, cuando su marido, uno de los constructores más importantes de Madrid, amigo y socio de los hermanos Banús, reunía a su alrededor en la casa, la primera que se levantó en los terrenos de su propiedad, colindantes con el RACE, a las personalidades políticas, sociales y artísticas de la posguerra y del poderío económico.

Muy pronto, ilustres y poderosos vecinos convirtieron aquello en el refugio y escenario de magnates internacionales que atraían a la prensa de todos los colores y a la recién inaugurada televisión.

Nita, la madre de Marcos, una señora menuda y sencilla, que no había cambiado según las fotos de la boda, bautizos y recepciones oficiales, lucía cabello blanco, abundante y rizado como el de su hijo pequeño y recogido en un moño alto; parecía la imagen de una moneda romana.

Aquí fue donde vivimos Marcos y yo cuando decidimos estar juntos. En el verano con toda la familia y en invierno supuestamente solos, porque la realidad es que los fines de semana se añadían sus hermanos —el mayor pronto decidió quedarse fijo con nosotros—, y los míos, con sus respectivos maridos, novios o compañeros. Nos habíamos convertido, como quien no quiere la cosa, en los cabeza de familia de las nuestras, desestructuradas —como dicen ahora—, por una u otra causa. Siempre había allí una cama, un plato de comida, préstamos sin intereses o avales de créditos que nunca fueron pagados ni reclamados. Incluso llegamos a ser proveedores de buen hachís o marihuana de los que a todos nos gustaba fumar, e improvisábamos un casino en el que se jugaba, sin dinero, póker, backamon o dardos. Cada cual hacía lo que le venía en gana, usando los coches de la casa y las tarjetas de crédito cuando se acababa el dinero contante y sonante, para reponer la bodega y la despensa en los grandes supermercados de los alrededores.

¡Qué cosas!, yo, la pequeña de cuatro hermanos, y él, segundón de tres, hicimos posible que nuestras familias se vieran a menudo y supieran siempre dónde acudir. Por eso, y al cabo de los años, digo, sin temor a equivocarme, que Marcos ha sido el hombre de mi vida...

Me preguntarás, y estás en tu derecho: «¿Por qué entonces lo dejaste cuando te propuso formalizar vuestras relaciones celebrando un matrimonio civil, naturalmente, y sin grandes festejos, más que nada para tener vuestros propios hijos? ¿Por qué saliste corriendo y te echastes en brazos de otro, el vasco, de igual o parecida edad y estatus social muy semejante, pero mucho peor persona?» «No lo sé, madre, pero te juro que me arrepentiré mientras viva, porque cada día que pasa soy consciente de que ya nunca encontraré un hombre tan íntegro y legal como él. Puedo decir, sin temor a equivocarme, que fue, es y será el gran amor de mi vida, pero tú sabes que alguna vez he intentado recuperarlo y ha sido imposible. Te puedo decir que he llorado de celos y de rabia cuando me he enterado de que vive con una mujer de su edad, madre de dos hijos y con la que, al parecer, se casará.»

Mis hermanos, entonces, parecían adorarme, tal vez porque usaban mi casa siempre que querían o necesitaban ayuda de cualquier índole. Ahora, después de diez años, todo ha cambiado y he terminado convirtiéndome en una persona ¿peligrosa?, para ellos. No voy a aplaudir lo que hago, pero ¿podéis alguno tirar la primera piedra?... Perdonadme, queridos hermanos, pero la experiencia me enseña todos los días que las piedras, a veces, tienen efecto boomerang y se vuelven contra uno mismo.

A Jorge, con razón, le hacía poca gracia que Marcos viniera a vernos cuando él no estaba, a pesar de que decía ser uno de sus mejores amigos. No le tenía, sin embargo, ningún miedo porque lo subestimaba. «Tiene siempre unos coches de mierda y se viste en los mercadillos», eran las únicas razones en su contra; no le llamaba pobretón, pero casi. Aún recordaba que cuando su madre decidió instalarse definitivamente y para todo el año, no para el verano como Marcos y familia, fue el constructor y financiero Fernández Valín el que se encargó de levantar la mansión que ellos iban a habitar y también de financiársela a su viejo. Cuando yo se lo recordaba, enmudecía, no tenía otro remedio.

Le he dedicado un capítulo a Marcos, porque, aunque ocupó poco tiempo en mi vida, se convirtió, y estoy harta de decirlo, en el hombre de mi vida y sólo me di cuenta de vuelta de Paraguay, perseguida por el que aún era mi marido. Allá no existía el divorcio, como tampoco era válido el matrimonio civil sólo. En aquel país fui humillada, apaleada, y terminé enferma y asqueada de mí.

Te preguntarás entonces por qué terminé con él. Marcos era muy celoso. En una ocasión fuimos a un bar de copas. Nos encontramos con el vasco, eran los días en que lo conocí. Fui a comprar tabaco y, al regresar, el vasco me agarró del brazo. Marcos, que estaba jugando una partida de póker, lo vio de reojo. Hubo un altercado entre ellos muy violento. Desde hacía más de un mes se le había metido en el coco que le ponía cuernos. No era cierto, te lo prometo, lo que pasa es que alguna madrugada, cuando iba muy cargado de copas, le pedía que no cogiéramos la carretera porque me daba miedo, a pesar de que conducía muy bien y llevábamos un todo terreno. Él quería que fuésemos a dormir a tu casa, pero ante ese panorama yo me quedaba y él cogía carretera adelante. Al día siguiente no se acordaba de nada y se dedicaba a buscarme, primero por teléfono y luego en casa de todos los amigos. Sabía, porque no era la primera vez, que estaba en tu casa. Algunas veces venía a por mí, pero si no, yo cogía el autobús por la mañana y regresaba a Fuentes. Muchas veces lo encontraba dormido; se despertaba por la tarde y de nuevo volvíamos a salir, tomar copas, etcétera.

De nada me valieron los juramentos de fidelidad, al final terminamos porque él lo decidió.

CAPÍTULO SIETE

Verano del 94: Marcos me ha plantado, mi vida es un caos. Conozco a un ingeniero vasco, solterón y buen partido, gracias al cual me hago adicta al caballo.

No sé si por aquello de que «un clavo saca a otro clavo», me enrollé con el vasco, y en mala hora porque fue el remate para que me metiera de lleno en este maldito mundo de la heroína, de la coca y de todo aquello que sirve para crear euforia, sueño y olvido... Éste es, creo yo, el meollo del asunto.

La última novia que tuvo el vasqui —así lo llamaba ella— era natural de Cuenca. Le dejaba mensajes en el contestador, que aclaraban bastante cómo era el tío pues parecían un aviso para la que llegara después: «No te confíes, que este tío es un perro, te usará y te tirará; tendrás las llaves de su casa, su cama, su dinero, pero nunca te presentará a su anciana madre; cambiará la cerradura y las sábanas; no te sentirás nunca segura con él y te limitarás a ser "la otra", sabiendo que la primera es la invencible.» Cuando los oí por primera vez lo hice sin poner atención en lo positivo y sí en lo negativo, hasta el punto de cortar el mensaje antes de que terminara. En realidad, igual podrían ser mi voz y mi queja por dejarme tirada como una colilla. Estaba muy claro que aquel vasco daba muchas confianzas hasta que caías en el cepo (me refiero a las drogas, algunas de las cuales, como la coca, usaba a diario). Desde la mañana, muy temprano, y antes de dirigirse a la universidad a impartir sus clases, se metía una raya que vencía su timidez y el miedo a hablar en público. Este fenómeno es bastante frecuente entre las personas que han dedicado parte de su juventud a estudiar, fiándose más de la letra escrita que de la palabra. Éste es el motivo de que algunos cerebros académicos comprueben que la cocaína es un estimulante maravilloso, al principio claro está, cuando la toman esporádicamente como un fármaco y no por placer, porque luego comprueban que también crea adicción y que las bajadas de coca son, como las de anfetaminas y muchas de las drogas de diseño, espantosas, con la sensación de estar metida en un pozo profundo del que es imposible salir porque los miembros no responden.

El vasco, como Jorge, no se atrevió nunca a inyectársela. Afortunadamente para ellos eran demasiado miedicas y escrupulosos y sabían que la única chuta que iban a encontrar era la de una yonqui que, usada y con restos de sangre, se hubiera olvidado en sus casas. Es cierto que inyectada hace más efecto, pero también resulta más peligrosa, porque se forman unos trombos terribles en las venas, que quedan inútiles, cortadas, por así decirlo. La coca al contacto con la sangre cristaliza de inmediato, no como la heroína que se diluye y corre por las venas.

Héteme aquí, otro asqueroso verano, metida en otro lío. Por si no había pasado bastante con el hispano-paraguayo y mis aventuras y desventuras para huir de aquella república bananera, me enrollo con el vasco, que me doblaba la edad.

Bilbaíno de rancio abolengo, nacionalista y claramente pro etarra, había estudiado en Deusto y en Inglaterra, y residió en su Bilbao natal hasta que ya mayor, con la carrera terminada, murió el padre, ilustre ingeniero de caminos, canales y puertos. La madre, con algunos de sus muchos hijos, —creo recordar que eran doce—, se trasladaron a Madrid a vivir, comprando un piso de quinientos y pico metros cuadrados, que amueblaron con los vetustos y bellos muebles de la casa de Bilbao, de la que también trajeron las vajillas, cuberterías, lencería de cama y mesa, más lámparas, etcétera. La madrileña casa parecía un museo, aunque aquí no podían tener la servidumbre de que disponían en Bilbao; tan sólo una asistenta por horas que al principio iba de nueve de la mañana a cinco de la tarde. Pronto tuvieron que reducir su horario pues se les iba más de la mitad del presupuesto del mes. Como decía la anciana madre —que no lo parecería tanto de haber ido peinada y vestida de otra forma, no con el luto riguroso que se había impuesto llevar hasta la muerte—, o limpiamos o comemos. Optaron por lo segundo y la mujer se tuvo que resignar a pasar la gamuza y el plumero por sus muebles ingleses.

Los doce hijos se fueron casando o volando, sobre todo las mujeres, todas tituladas superiores: médicas, psicólogas, diseñadoras, economistas...

La mayor, socióloga y bióloga, más parecía un hombre recio y muy vasco, incluso por su indumentaria y en el aliño general de su persona. Era muy alta, probablemente guapa. No había querido ir con el resto de la familia a Madrid, que para ella era otro país, y prefirió primero pasar por Francia, Inglaterra e Irlanda. En este último país se afincó una temporada para conectar con activistas del IRA, a los que conoció en su Bilbao natal a través de ETA; HB era su partido, no lo negaba. Terminó su periplo europeo en Alemania y los países del norte, aprendiendo en cada lugar las lenguas vernáculas y los dialectos que, como el euskera batua, hablaban un número muy limitado de individuos. Después tomó rumbo a América Central, donde la esperaban correligionarios que la llevarían a sus campamentos guerrilleros. En estos campamentos sus conocimientos le fueron de gran ayuda para hacer que aquellos marginados supieran aprovechar las riquezas de sus países, no dejándolas a los explotadores capitalistas que, como los españoles, por ejemplo, las habían utilizado para enriquecerse y medrar, pero siempre, en su opinión, oprimiendo a las clases más deprimidas.

He de decir que yo no entiendo de política, pero te pregunté a ti; te di los apellidos de la familia aquélla y pronto supe que la famosa hermana mayor, gemela de Josechu, había salido huyendo de este país perseguida por sus actividades terroristas en un comando asesino etarra. ¡Válgame Dios con quién había ido a parar! Con razón cuando había algún atentado mortal en Madrid, antes de ser reivindicado por ETA, a Josechu se le reflejaba la alegría hasta en la mirada. Y no te quiero decir cuando alguien soltaba palabras contra los fascistas del Gobierno. Daba igual que estuvieran los socialistas en el poder; él, por el hecho de ser españoles y no partidarios de la autodeterminación de Euskadi, los metía a todos en el mismo saco.

Empecé a tomarle verdadera manía por eso y porque siempre que hablaba de ti lo hacía llamándote «esa facha de mierda que cobra del Estado por comer el coco a los españolistas vascos; dile de mi parte que no arremeta tanto contra nosotros, porque cualquier día se va a encontrar con que los hijos no regresan del colegio o ella no sale de su coche porque volará por los aires dentro».

Cuando te anuncié que había acabado con Marcos y me mudaba a casa de Josechu ya te había contado un poco por encima de quién se trataba. Me dijiste con tu ácido humor: «¿Vasco, soltero, cuarentón y vive con mamá?... Maricón.»

Hablando en serio, me asustaba, porque al principio, cuando le conocía poco, creía que hablaba de broma, pero luego, al ir conociendo detalles de su familia, empezó a preocuparme.

Un día, a su camello a domicilio lo pilló la pasma esperando al traficante que le suministraba el material, y lo trincaron gracias a un soplo dado por sus compañeros vigilantes jurados. Lo llevaron al trullo, de donde salió a los seis meses bajo fianza de muchos miles de pelas, y el vasqui se quedó sin sus chinos y rayas para esnifar por la mañana antes de ir a sus clases.

Al día siguiente, después de acompañar a Josechu al banco, fui a pillar. Al regresar de sus clases fue probando el material, esnifó una generosa raya de coca y otra de caballo, luego se preparó un canuto y me invitó a fumar con él. «¿No quieres de lo otro o quizá después de comer?, tú verás, ahí lo tienes», y encendió el ordenador para entrar en Internet.

Al tercer o cuarto día de ir a comprarle su material, me detuve en el parque y me dije: «¿Por qué no voy a meterme un poco de caballo por la nariz?, total por una vez.» Y aquí me tienes.

A partir del tercer o cuarto día, cuando Josechu se dio cuenta de que las cantidades disminuían y no resultaban suficientes para él, empezó a sospechar, aunque no tenía razones fundadas pues en su presencia, a pesar de que me invitaba, no quería. Empecé a idear una forma de engañarlo, le dije que era muy pronto cuando él salía e iba al banco y a esas horas sólo podía comprar al matrimonio del que ya le hablé. «Bueno, pues entonces, para que no te des el madrugón, te dejo la tarjeta y pasas tú por el banco para sacar dinero y comprar algo más. Yo creo que el caballo lo debías dejar para los fines de semana, así lo fumamos juntos, ¿te parece? De lo otro, compra un poco más, el caso es que estés contenta... ¡Ah! Y si lo deseas puedes hacer algo para cenar, pero tendrás que empezar por comprar cacharros porque ya habrás visto que yo sólo tengo para el micro.»

Lo que yo buscaba, que me dejara manejar el dinero. Comencé a tirar de tarjeta hasta que le quedó saldo insuficiente para pagar un coche casi al contado. Fue al banco él solo un sábado por la mañana y se dio cuenta del agujero que le había hecho. Sin decirme nada había dado orden de que grabaran en vídeo todas las operaciones de cajero, porque no recordaba si a la de Cuenca le había dado la tarjeta y había cometido el fallo de no cambiar ni el número. El muy zorro disimuló conmigo hasta que tuvo constancia de lo que estaba haciendo; me tiró indirectas el fin de semana y el lunes me obligó, sin maltratarme pero con muy malos modos, a que fuera al banco con él para que no lo pudiera negar en presencia del director, que le consideraba un magnífico cliente.

Pasé una vergüenza horrible, como te puedes imaginar, y encima tenía un mono de cojones... Traté de negar que era yo, pues en un principio las imágenes aparecían borrosas. Pero cuando fueron pasando otras, resultó imposible. Josechu no dijo nada, se despidió muy cortésmente del director y me sacó en volandas del brazo con un fuerte torniquete de su mano, tan blanca y cuidada que parecía inofensiva y sin fuerza, hasta que la presión hizo que se me saltaran las lágrimas. Tan sólo pude balbucear un: «Tío, por favor, que me haces daño.» Me soltó y se fue andando sin reparar si lo seguía o no, aunque miraba con el rabillo del ojo.

Cuando subimos a la casa me pidió las llaves y luego me ordenó: «Lávate la cara y arréglate, que estás hecha una mierda. Vamos a comer y me conocen mucho en el asador de abajo.»

No sabía por qué pero me sentí despedida, como la de Cuenca; a pesar de todo y cuando me hube arreglado, el señor tuvo ganas de echarme un polvo (no era ninguna maravilla en la cama, te advierto), «pero con cuidado de besarme, ¿acaso sé con quién has estado los días que has venido tarde?». No me atreví a rechazarlo y pasaron por mi mente escenas de mi vida con Jorge. Pero, coño, ¿no había sido él, igual que el otro, quien se empeñó en que tomara? Otra vez me convertí en la coartada perfecta. Mi primer impulso fue mandarlo a la mierda y dejarlo en ese mismo instante, pero luego lo pensé mejor y me quedé, con la condición de que antes y tranquilamente nos fumáramos un chino de caballo... Accedió porque, siguiendo su costumbre de matemático, ya no eran horas de contratar a nadie y a él —lo repitió hasta la saciedad— no le gustaban las putas; era tan escrupuloso el cabrón...

CAPÍTULO OCHO

Una historia sin anunciar con nombre de emperador romano y final trágico.
César, 27 años, una ilusión que me duró diez meses, hasta que decidió, no sé por qué, colgarse de una viga del techo de su cuarto y morir ahorcado. Junto a su cuerpo sin vida, una bicicleta, recuerdo de su infancia nómada. Fue un amor fugaz que creo que no olvidaré. Era un raro adicto. Primavera-verano del 2001.

Recuerdo a César, un chaval al que conocí a finales de la primavera del año 2001, y que se ahorcó un día después de que le hubiese dejado a la puerta de su casa tras haber pasado la noche y el día juntos. Serían las cinco o las seis de la tarde, con un sol ardiente aún pues ya era el comienzo del verano o el final de la primavera, prácticamente lo mismo en estos tiempos. Estábamos en el año 2001.

Resultaba un tío estupendo y atractivo, con mucho encanto, sin ser lo que vulgarmente llaman un tío bueno, porque era menudito, moreno y con un cierto acento castizo madrileño al hablar, lo que le añadía encanto porque al mismo tiempo entremezclaba palabras inglesas, francesas y alemanas o giros de *slang* —frases hechas a modo de refranes o máximas, que suelen emplear los nativos sajones en el lenguaje popular—, lo que hacía suponer que hablaba esos idiomas.

El día que lo conocí, en la Plaza de Santa Ana, cercana a su casa, yo volvía de pillar y mi aspecto no creo que fuera muy atractivo, pues llevaba dos días sin dormir, sin lavarme y casi sin comer. Él estaba sentado en un banco leyendo un cómic, comiéndose un bocata y bebiendo un bote de birra. No se dio ni cuenta de que me sentaba a su lado hasta que le dije si podía darme un trozo de bocadillo y un sorbo de cerveza; fue entonces cuando me vio y noté, desde ese minuto, que nos habíamos gustado. Enseguida pareció que nos conocíamos de toda la vida. Me enseñó el antebrazo izquierdo y noté vestigios de un reguero de chutes. ¿Estaba enganchado como yo? Pregunté, pero no le dije sobre mí: «Sí, he estado enganchado bastante tiempo, al caballo, sí..., pero lo dejé a pelo, porque me enrolé en la Legión y allí no había más que hierba y alcohol, dos sustancias legales de las que uno se puede poner hasta el culo, pero de caballo, nada; así que "por güevos, me desenganché"... Luego he vuelto, pero lo dejo cuando me voy y me encierro en mi zulo... Tienes que venir, está en la sierra de Gredos y es mi finca, porque hasta allí no llega ni Dios, desde que después de la guerra lo dejaron los maquis.» Me sonaba a chino lo que me contaba, pero le seguí la corriente y le prometí que más adelante, durante el próximo puente de cuatro días, me iría con él... Lo llevé a casa y a mi madre le gustó. «Parece un chusmeta», me dijo, un «palabro» que había inventado para designar a los pillos y vividores, a esa buena gente ácrata que se las arreglaba como podía en cada momento, según el pito que tuviera que tocar y el personaje que tuviera enfrente.

Se ponía o no según las pelas que tuviera, siempre ganadas por él, y su vieja era una tía muy rara, joven, de apariencia bien, pero distinta de mi madre, muy distinta... A mí César me enamoró desde el momento en que lo vi, porque me di cuenta de que era diferente: emanaba una fuerza total. Pero ya fue demasiado cuando me contó su vida. Su padre era un viejo anarquista y cenetista que huyó a Francia coincidiendo con su llegada al mundo, lo cual no fue obstáculo para que su madre estuviera loca por él durante años; los que duró el exilio voluntario, recorriendo Europa y parte del mundo. Allí donde su progenitor se refugiaba estaba su madre. Ella, que no sabía oficio alguno, pronto se montó un negocio de hostelería, con un bar de alterne incluido, en el que corrían el alcohol y la coca, a los que ella se aficionó hasta enfermar del hígado y del riñón. Él lo probó todo desde la más tierna infancia, pero sin llegar a engancharse a nada, hasta que conoció el caballo y ya, para siempre, estuvo unido a él de alguna manera. Apenas había ido a la escuela, pero hablaba cuatro idiomas con soltura y había heredado de su padre, pintor y escultor, cualidades artísticas que le procuraban distintos empleos que dejaba a los tres meses, cuando se le acababa el contrato basura. Se dedicaba a vivir y a sus vicios, gastando el dinero ahorrado, que guardaba su madre, quien no era partidaria de tener los ahorros en un banco, porque sus ganancias siempre habían sido «negras» y sólo ella y su conciencia sabían de su existencia. Cuando se instalaron en Madrid, conoció al que iba a ser su nuevo padre, al menos el oficial, con el que la familia se amplió y pasaron de uno a tres hijos. Nunca se casaron, a pesar de que este hombre era un solterón que había vivido con su madre hasta que ésta falleció y heredó toda su cuantiosa fortuna, a juzgar por el caserón que ocupaban, situado en uno de los barrios señoriales más caros de Madrid. Vivían como los ricos y los nobles antes de la guerra.

Sus hermanos siempre creyeron que el suyo era también el padre de César, sin que pudieran ni imaginar cuál había sido el pasado de su madre, tanto que durante algún tiempo hasta él mismo llegó a dudarlo aunque lo presintiera. Resultaba evidente que él era bien distinto a sus hermanos, en lo físico y en lo químico. Por si fuera poco, un día que estaba a solas con su madre, ella le contó la verdad y hasta le enseñó fotografías de su padre, al que apenas recordaba. La incógnita lo tuvo jodido durante un tiempo, pero cuando ella se la despejó, se sintió contento y feliz, porque sentía gran admiración por su progenitor, además de parecérsele en el físico y en la forma de ser y de pensar. Lo que no dejó de extrañarle es que aquel hombre nunca durmiera en su casa, aun siendo ella soltera como lo era entonces, lo que no impedía que lo presentara como marido.

A los diez meses después de conocerlo se ahorcó. Tenía 27 años y era, aparentemente, autosuficiente. Pero esa dura apariencia ocultaba a un niño asustado y enmadrado, celoso, que nunca supo cómo me buscaba yo la vida, pasándolas putas, mientras él nunca había tenido que recurrir a esos extremos. Cuando su madre se enteró de mi existencia, me culpó de que su hijo se hubiera enganchado de nuevo al caballo, como si todo lo otro que se metía no tuviera importancia.

Al pasar el tiempo no sé si lo que creí sentir por este chico, sobre todo después de su trágico final, fue amor o admiración. El caso es que me impactó lo suficiente como para que ocupe un lugar destacado y distinto, aunque sin titulares, en esta historia, porque César no era un adicto como yo y todos los que frecuentábamos los supermercados de la droga.

Éstos se encontraban a las afueras de Madrid, en un auténtico vertedero de basuras donde el barro formaba, junto a los desperdicios que los gitanos de las cercanísimas chabolas tiraban y a la mierda, un auténtico chapapote repugnante que se pegaba a las suelas de las botas, a las zapatillas y a los bajos de los pantalones. Allí inauguraron, el presidente de la Comunidad de Madrid y otras autoridades, con gran bombo y platillo, una narcosala con el pomposo título de «Sala de Venopuntura». Allí, en el Vertedero, que era como Javier, un amigo mío y de mis hermanos, llamaba a esa zona, levantaron la primera, y creo que la única, «sala» existente en Madrid y en España.

Javi, ya cuarentón y superviviente gracias a la metadona y al pastillamen, alternados con algún que otro chino y raya de farlopa, nos visitaba de cuando en cuando, sobre todo a mi madre, con la que rememoraba viejos tiempos en los que vivían todos los amigos de la infancia. Había sido un chico muy guapo, con ojos azules y miopes y, como rara vez utilizaba gafas, no veía un pijo, lo que unido a su natural despiste le hacía ir por la vida como un bulto. Los que lo conocían poco creían que no saludaba por orgullo e idiotez, pero lo cierto es que no veía más allá de sus narices. Magnífico profesional de la cámara, había trabajado mucho en publicidad y televisión pero, a pesar de su apellido, muy conocido y apreciado en Televisión Española por el buen recuerdo laboral y personal que allí dejaron su padre y sus tíos, fue dejando el trabajo poco a poco —o lo dejaron a él—, cuando las putas drogas comenzaron a minarlo sin llegar a matarlo, como hicieron con el resto de los amigos, incluidos mi hermana Ada y su marido.

Siento que en este relato siempre aparezca el pasado, aquellos años de infancia y adolescencia, pero me resulta imposible deshacerme de él, siempre presente en mis alterados y breves sueños que más de una vez se convierten en pesadillas.

Estos recuerdos vinieron a mi memoria mientras paseaba la calle arriba y abajo en espera de algún cliente; era ya de madrugada y sin embargo el calor resultaba asfixiante, incluso lo sentía más que a pleno sol y hasta el asfalto se pegaba a las suelas de los zapatos. Ni en las zonas más canallescas de Madrid, pobladas por prostitutas viejas y profesionales que prestaban sus servicios por dos duros, se encontraba un cliente que mereciera la pena, así que, poniendo en peligro la integridad física, había que aceptar a cualquiera, sin escrúpulos, sin mirar, y hacerse dos o tres portes de la manera que fuera para reunir tres o cuatro mil pelas; aguantar a los viejos verdes pobretones y tacaños que no pagaban más de mil pelas, claro que también los había que hasta pagaban con especies.

No pasaba un alma y fui a las calles colaterales a la Gran Vía, teniendo que pasar por subterráneos oscuros, malolientes y ocasional dormitorio de los sin techo, que guardaban celosamente junto a ellos sus pocas y miserables pertenencias, agua, algún cartón de vino y trozos de pan o restos de comida que recogían de los bares cercanos o sacaban de las papeleras y metían en viejas y deterioradas bolsas de plástico. Para estas pobres gentes el verano era la estación ideal y hubieran dado cualquier cosa porque no se acabara nunca. No era mi caso, yo estaba deseando que se terminaran esos dos meses en los que los maridos van junto a sus familias a disfrutar de las vacaciones.

No ganaba nada con pensar en eso y mucho menos con perder la poca moral que a esas horas me iba quedando, teniendo en cuenta que tenía hambre, sueño y notaba cómo poco a poco se me iba derritiendo el maquillaje y el pelo se me pegaba, mojado por el sudor, a la espalda y a la cara. Me dolían los pies y me descalcé, colgando las sandalias del bolso y echándomelo a la espalda. Salía un negro gigante de un bar que cerraba a esas horas, y se fijó en mí. Al tenerlo cerca vi que lo conocía porque siempre iba con otros que vendían material, así que pensé que vendría a ofrecerme, pero no, porque me preguntó en español, pero con el inconfundible acento de todos los negros guineanos o de Cabo Verde, cuál era mi especialidad y cuánto cobraba. Pensé que quizás no tendría dinero, así que me ofrecí para cualquier modalidad por una micra o medio gramo de caballo. «Yo no vendo, mi niña, pero te puedo ofrecer un poco de blanca de la que tenía para mí; la compartimos si quieres y te llevas de mi coche, que es donde vamos a ir, alguna baratija y ropa, que tengo para vender.» No lo pensé dos veces; me resultaba urgente meterme algo; el mono a esas horas iba haciendo que me sintiera muy mal, así que cerramos el trato y nos encaminamos a su coche, un viejo y sucio Ford del año de la tos, situado a unos cincuenta metros de allí. En el camino me clavé en el pie derecho un trozo de cristal y sólo me di cuenta cuando estábamos dentro del coche. Me asusté al ver la sangre, ya que los pies se me habían puesto tan negros que no veía la herida ni el cristal hasta que me toqué y me lo saqué; para entonces ya le había hecho una mamada y como no me lo quería tragar busqué un lugar donde escupir. Solté el contenido de mi boca en la mano y al mirarlo a la débil luz de un farol de la calle, que a duras penas traspasaba la suciedad del limpiaparabrisas, observé que tenía sangre también, aunque podía ser mía, de cuando me toqué el pie, así que no dije nada y le rogué que me diera lo que fuera porque no me sentía bien y quería irme a mi casa a lavarme y meterme en la cama. El negro se enfadó, abrió la puerta del coche y me tiró a la acera, donde quedé tendida con la cara pegada al suelo, luego lanzó una bolsa de plástico, asquerosa, que cayó lejos de mí, cerró la puerta y salió zumbando.

¿Era aquello el pago a mis servicios, por una hora nauseabunda y trabajosa hasta conseguir que aquel cerdazo se corriera? Intenté ponerme de pie y no podía, así que a duras penas me arrastré hasta donde estaba la bolsa y la agarré, metiéndola debajo de mí porque había oído voces que se acercaban y lo único que me faltaba es que me la robaran. Juré en voz alta: «me cago en Dios y en la puta de su madre», mientras apretaba las cruces sin valor que colgaban de una cadena en mi cuello, que me dio un cliente como pago por mis servicios. ¡Vaya mierda de verano!, deseaba que llegara el frío, la nieve si era preciso, pero que se acabara aquel suplicio estival. Poco a poco me pude poner en pie y al apoyarme sentí un agudo dolor en mi pie. Me senté en el bordillo de la acera para arrancarme el trozo de cristal que me causó la herida y, mordiéndome los labios, que aún tenía pegajosos, tiré de él, quedando un oscuro hueco del que salía sangre a borbotones. No encontraba nada con que taponarlo y fue cuando me acordé de la bolsa; rebusqué en su interior y saqué algo que me pareció una camiseta de un color indefinido y con fuerte olor a perfume barato. No estaba para remilgos e improvisé un vendaje a modo de torniquete con lo que la sangre dejó de salir. Me puse en pie y comencé a andar hacia la Gran Vía, que era la calle que creí más cerca. En realidad estaba cerca de Fuencarral, y hasta allí me encaminé por las estrechas y oscuras callejuelas en las que, al amparo de algún cubo de basura, había alguna pareja o un gato que rebuscaba y salía brincando al acercarme, dándome un susto de muerte.

Oí el ruido de un coche y me volví, un taxi con luz verde; sin pensarlo levanté la mano, paró y me zambullí en su interior, mascullando la dirección de casa. El taxista, sin parar, volvió la cabeza y me preguntó si llevaba dinero o algo con que pagarle; rebusqué en mi bolso y sólo encontré la tarjeta de la Seguridad Social, así que se la alargué... «Te la devolveré luego, cuando venga a cobrar y si no te quedas sin ella, tú verás; estoy hasta los cojones de putas drogadictas como tú y de chulos y camellos, encima negros o moros, cuando no sudacas... Los tenían que colgar a todos de los huevos, joder», y enfiló bulevares arriba, hacia mi casa, hogar, dulce hogar. Busqué las llaves y no las encontré, podría habérmelas quitado el negro o se me habían caído. Tampoco di con el teléfono. El taxista había parado el coche y me examinaba detenidamente, fijándose de forma especial en los muslos, pues la mini que me había puesto era, en aquel momento, inexistente. Final: terminé haciéndole una mamada y cuando llegó al orgasmo comenzó a insultarme y golpearme. ¿En quién me cagaba ahora?: ¡en la puta droga de mierda, joder, en la puta droga...! y mil veces más juré en chino, en arameo o en griego, qué sé yo... No había santos, ni dioses, ni vírgenes, ni misterios suficientes... Y encima no encontraba las llaves, ¡las putas llaves!, ¿podía pasarme algo más, demonios?

Al día siguiente iría al CAD —me prometí—, aunque, como tantas otras veces, tras meterme la mierda de jaco que me dio el negro, no fui. Me dormí —ni siquiera recuerdo cómo había entrado en casa— y a las dos horas me desperté. Me dolía hasta la punta de los pelos y no me atrevía ni a mirarme al espejo, mucho menos a mi madre. Anoté en un cuaderno que quería hablar con ella. Necesitaba ayuda y sólo la conseguiría contándole todo como ya le había anunciado... Ahora mismo no podía, me dolía cada partícula del cuerpo y me sentía tan sucia por dentro como por fuera, hasta sentía el alma, si es que tengo.

CAPÍTULO NUEVE

Una confesión dolorosa para las dos, ambas lo pasaremos mal, ¿cuál peor?

Los recuerdos del pasado se suceden en mi mente como si se trataran de una proyección, son tan nítidos como una película y se entremezclan con inaguantables dolores de cabeza y de boca.

Estábamos ya en plena canícula, sufriendo los calores del agosto madrileño, seco, desértico, y que provoca una sed horrorosa que deja el gaznate reseco, como dicen que se les queda a los condenados a muerte. Como cada año, Madrid, de primeros de julio hasta mediados de septiembre, estaba desierto; los dueños del dinero, fuera, pasándoselo de miedo en las playitas, haciéndose un crucero por los mares del sur o en la finca unos días. Mientras, los desgraciados nos quedábamos en el Foro teniendo que aguantar, además del calor, la miseria económica —nadie pagaba las colaboraciones que mi madre tenía en la prensa, ni el contrato de un nuevo libro, y ni siquiera habíamos cobrado el dinero que nos debían los inquilinos, abogados para colmo, que ocupaban un piso que les habíamos alquilado, pues el recibo de agosto lo pagaban junto con el de septiembre—. Así que se suponía que para entonces se juntaría todo y se iría en unas horas, al pagar cuanto se había comprado durante el mes fantasma, como mi madre llamaba a agosto.

Ante tan precario y agobiante panorama no podía pedirle nada a la vieja, así que salía por la noche a buscar clientes, aunque cuando no quedaba más remedio, recurría a su dinero. Me lo daba porque no quería que me fuera de puta. ¡Lo sabía la muy cabrona! (claro que inconscientemente yo lo hacía para eso, aunque me sentaba mal que fuese tan vulnerable ante la sola idea de mi puteo, porque sufría por lo que ella encontraba una falta contra la libertad individual por la que tanto había luchado durante su vida). Si no fuera mi madre y la conociera como la conozco, hubiera pensado que ella también lo había hecho cuando la dejó tirada mi padre con nosotros pequeñajos... Pero ¡no!, ella trabajaba, escribía lo que fuera —siempre que no le pidieran cotilleos íntimos de políticos famosos—, hacía traducciones, de «negra» o le pedía prestado a algún amigo importante, de los cuatro o cinco que todavía le quedaban, y luego se las veía y deseaba para devolvérselo, aunque tardara lo que fuera. No sentía vergüenza en contar su historia y la nuestra, si con ello ayudaba y al tiempo ganaba un dinero extra. Era una menesterosa muy particular, pues nunca la he visto salir a la calle sin arreglar, con sus trajes antiguos pero limpios, impecables, y un aspecto digno, con esa elegancia natural que la caracterizaba. Siempre estaba del lado de los abandonados, de los tristes, de los humillados... Nadie, al verla, podría pensar que las estaba pasando putísimas, pero como ella decía, repitiendo las palabras de su madre, que murió siendo aún joven: «¿Me encuentras con buen aspecto? En nuestra familia todos nos morimos así, con muy buena cara», y cortaba al más pintado. Ella, sin un duro, volvía a casa con una compra espléndida y la verdad es que siempre vivimos como niños bien, arte que heredó de mi abuelo.

Recuerdo una madrugada de ese mes de agosto en la que, después de los más de cinco años sometida a la servidumbre de la prostitución y a los continuos engaños para que mi madre no lo descubriera, que me obligaban a practicar la más dura defensa para desmentir cualquier cosa que ella averiguase, me sentí contra las cuerdas. Por eso me vi obligada a contarle la verdad sobre mi vida durante ese periodo. Y el porqué, que ella no llegaba a calibrar en toda su magnitud, bien porque yo disimulara como una actriz consagrada, bien porque como ella decía, notaba el caballo en los ojos claros, como los de Ada, pero no en los oscuros como los míos.

¡No podía más! Estaba cada día más enganchada y el deterioro físico iba a más. Ella ya lo había detectado e intuía mis mentiras. Era la única que podía ayudarme, aguantarme y, si era posible, comprenderme.

—Madre, por favor, tienes que escucharme. ¡Enciende la luz!, por favor. Quiero que te sientes en el borde de la cama, porque has de enterarte de lo que hago cada día y cada noche;

a lo que me dedico, cuál es el trabajo en el que empleo tantas horas y que, según tú, me luce cada vez menos.

Debería haberse dormido hacía poco, porque se dio media vuelta y masculló algo ininteligible, como hacía siempre en estas circunstancias; creo que a mí me pasa lo mismo y la entiendo, así que insistí. Encendí una luz en la habitación contigua para que no le diera directamente en la cara y la llamé un par de veces más hasta que se enteró de que estaba allí. A oscuras buscó un cigarrillo en el cajón de la mesilla y lo encontró, no así el mechero que, como casi siempre, yo me había llevado. Fue definitivo porque le sirvió para sentarse en la cama y empezar a despertarse mientras se enfadaba conmigo por dejarla sin lumbre, aunque ya había encontrado otro en el fondo del cajón.

—Bueno, bueno, ya estoy despierta, ¿qué quieres a estas horas? —Miraba el reloj que apenas veía sin ponerse las gafas, hasta que también dio con ellas y encendió la luz—. ¡Vamos a ver qué es eso tan importante que me tienes que contar a estas horas! Debe ser la leche, ¿no? ¡Coño, las siete de la mañana! ¿Vuelves ahora? ¿No me dijiste a la una de la mañana que vendrías enseguida? Como siempre, por no variar; ¿nunca se acabará esta vida? Por lo pronto un día más sin dormir...

A medida que iba hablando me miraba, escudriñando cada milímetro de mi cara, que a esas horas, con la luz del día entrando tímidamente por el cercano balcón entreabierto, no podía disimular los ojos enrojecidos y los párpados hinchados de llorar, amén de los churretes negros, rastro del chino, y la vena de la frente hinchada por el reciente chute. Me senté al borde de la cama, junto a ella, cogí su mano y empecé a hablar, rogándola que no me interrumpiera.

«Primero has de saber que la empresa de ediciones, prensa y relaciones públicas, no existe. Tú creías, que desde hacía casi un año trabajaba allí, en la calle Orense.

»El horario de trabajo de aquella "oficina" donde prestaba mis servicios era, como en todas las de este tipo, un tanto arbitrario y no se atenía, necesariamente, al de los empleos más tradicionales. Inventé, pongamos el caso, que tenía que acudir allí de diez de la mañana a diez de la noche todos los días, excepto los sábados, de 10 a 16. Llevaba seis meses saliendo de casa temprano y pasando fuera todo el día, regresando de madrugada. Había dejado un teléfono para que me localizaran, el de una empresa de servicios de este tipo que estaba en esa misma calle, y en la que trabajaban dos jóvenes principiantes que habían hecho los cursillos de edición y diseño conmigo. Les rogué que si alguna vez preguntaban por mí, se hicieran pasar el teléfono y tomaran recado de quién me llamaba, para luego corresponder, sobre todo si era de casa.

»Ya sé que tú sabes más que yo de todo... pero, ahora... enmudece, porque si no me corto y no sigo, ¿comprendes? Bueno, todo empezó cuando el vasco y yo nos conocimos, en el verano del 94... sabes cómo, así que ahora no te voy a explicar más. El caso es que para entonces ya me había enganchado al puto caballo. ¡Sí, sí, después de las que yo le montaba a mi hermana! Me enganché cuando iba al parque

Perón a comprarle al "Vasqui" su ración de coca y de caballo, ya que a su camello particular —que le servía a domicilio, hachís, coca y caballo para toda la semana—, se lo llevaron al trullo por eso mismo. Entonces se ponía hasta el culo de las tres cosas: a diario esnifaba coca y fumaba canutos, y los fines de semana añadía caballo, fumado en chinos. Yo, por entonces, sólo le daba a los dos primeros, más a los canutos, como sabes... Bien, el vasco pensó en mí en cuanto se quedó sin su camello a domicilio, ¿por qué no si era la hermana de Ada? Daba por descontado que me conocía al dedillo los puntos de venta y empezó a darme dinero para comprar para toda la semana. Me enteré de que podía conseguirlo, sin salir al extrarradio, en la plaza de Roma, en un parque que llaman de Eva Perón. Allí conocí a un matrimonio de treinta y tantos años —las parejas siempre disimulan mejor cuando hacen de camello, ya sabes que la policía los persigue más que a los asesinos y violadores— de la generación X, como tú llamas a la de Ada, tus sobrinas Ana y Marta, Nacho, Javi, etcétera. A la mujer, Yolanda, la llamaban Yoli, y estaba embarazada; de él no me acuerdo apenas. Me acerqué a ellos porque tenían un hermoso pastor alemán —ya sabes cómo me han gustado siempre los perros, tanto que desde pequeña creo que decía que sólo iba a tener hijos perritos—. Me encandiló el animal. "Hija, ¿qué le has dicho que no quiere venir con nosotros?, conste que no suele confiar en los desconocidos..." Les conté que tenía dos perros como él, que se habían quedado en el campo con mi ex; me daba pena meterlos en un apartamento. Empezamos a hablar, no sé en qué momento les pregunté dónde se podía pillar, y, como quien no quiere la cosa, saqué del bolsillo del vaquero un fajo de billetes de cinco y diez mil pesetas que me había dado Josechu... "Bueno, si no te importa venirte a casa con nosotros, vivimos cerca, en la colonia de la Fuente del Berro." Tardamos unos veinte minutos y en ese tiempo pasamos revista a las amistades comunes.

»Sin saber cómo me encontré dándole una calada a un chino de caballo, ¡nunca lo hubiera probado!... A partir de entonces lo necesito, estoy enganchada a él como un piojo y cagándome en mi vida cada vez que voy a comprar.

»—Mañana ¿a la misma hora? —me preguntó.

»—¿Más pronto no puede ser...?

»—Sí, si quieres, puedes venir aquí; apunta la dirección porque estas calles son casi todas iguales, ¡ah! y el teléfono.

»Cuando el vasco me licenció, que es lo que habitualmente hacía con las mujeres que habían desfilado a lo largo de su ya dilatada vida —estaba más cerca de los cincuenta que de los cuarenta—, tras haberlas usado y tirado como si fueran kleenex, ya estaba irremediablemente perdida y dispuesta a hacer lo que fuera para conseguir pasta con que comprar, desde robarle a él material, dinero, lo que fuera, o venderme al mejor postor pues creía que sin duda tendría éxito entre los tíos. Aún seguía viviendo con el vasco e iba a comprar al parque, pero, o me fumaba todo lo que él disponía para los fines de semana o me buscaba la vida.

»Así que una mañana, en cuanto él se fue a impartir sus clases con su raya de coca en la nariz, que le ayudaba a vencer su timidez para hablar en público, me levanté, me vestí y me fui a la calle. Mis amigos de los perros ya no eran tales, se habían convertido en camellos puros y duros y ni siquiera, días más tarde, me dejaron dormir en su casa, como había hecho durante tantas noches cuando me enganchaban al jaco y salía de allí de día sin saber qué decirle al vasco, celoso, además, hasta la violencia verbal, como pude comprobar más tarde. Compré un periódico y me senté en la cafetería habitual donde desayunábamos los fines de semana. Pedí un Chinchón y el camarero me preguntó extrañado si era para mi marido; ¡no, no!, es para mí... Mientras me lo tomaba y esperaba el café, abrí por las páginas de anuncios buscando concretamente los de trabajo. Empecé a subrayar los de contactos personales. La verdad es que en un minuto elegí más de diez, casi todos eran de empresas de servicios. "Telefonista se necesita. Concertar entrevista por teléfono. No necesario contacto físico." Me tomé el café deprisa, le dije al camarero que luego le pagaría, encendí un marlboro y me encaminé a la calle de General Perón. Estaba tan cerca que no me dio tiempo de acabar el cigarrillo. El portal era el propio de los edificios destinados a oficinas y apartamentos, con un conserje que en aquel momento no parecía estar en su garita y un amplio letrero de grandes dimensiones sobre el mármol de la pared de la izquierda en el que ponía: "Trabajo temporal, relaciones públicas e imagen", remitiendo a los pisos 13, 15, 17, 19 y 21. Entonces se acercó el conserje y, muy amable, me preguntó dónde iba y si necesitaba ayuda. Se lo agradecí porque la verdad es que no sabía a ciencia cierta ni por quién tenía que preguntar, sólo lo que ponía el anuncio, "Telefonista se necesita". "¡Ah, sí! —me dijo el hombre—, pregunte usted en esa puerta por la señorita Valle, ella le dirá." La señorita, después de que le dijera mi nombre, me rogó que esperara a don Fernando, el jefe. Apenas había reparado en cómo era aunque percibí lo agradable y cálido de su voz, que identifiqué con la que había oído por teléfono. Era muy morena, más bien mulata, con el pelo negro rizado a lo afro, un inconfundible acento caribeño y gorda, con unas enormes tetas caídas. Antes de que saliera el jefe, el tal don Fernando, como le llamó la morenita, iba a preguntarle si ella era la tal Valle, pero no tuve tiempo. El hombre tenía mucha prisa, pero se acercó y me miró: tuve la sensación de ser un solomillo, una langosta o algún manjar parecido...

»—Pasa, pasa a mi despacho para hacer la prueba.

»Entré como una autómata o una idiota, no sé... Al no ver ningún teléfono con el que hacer la prueba anunciada, le pregunté. "No, no hace falta. Quítate los pantalones y la camiseta, necesito verte para asegurarme de que vales para esto." Antes de que terminara, me encontré tumbada sobre un sofá, sin bragas y con el tío sobre mí, metiéndomela y follando como loco, salido como una esquina, vamos. Me quedé muda y estupefacta y él dale que te pego, así durante dos horas de reloj... sin decir palabra, al igual que yo. Cuando terminó se puso en pie, se atusó el pelo, abundante, rizoso y oscuro por delante, ralo en la coronilla, recogido en coleta, y mientras se subía los pantalones, que se le habían detenido a la altura de las corvas, colocándose en el slip el aparato, con ese gesto tan machista de meter el paquete en su sitio, me dijo sin volverse:

»—Muy bien, chica, lo haces muy bien. Si lo deseas puedes empezar ya. ¡Por cierto!, ¿cómo te llamas?

»Antes de contestar lo pensé y fue cuando inventé mi nombre de guerra: Patricia, porque ya era consciente de qué trabajo se trataba. Sin rodeos, y no lo pensé dos veces, de puta me quedaría. El haber sido elegida por el jefe debería significar algo, ¿o no? La verdad es que no me había resultado tan tremenda la prueba, peor era tragarse un mono de caballo a pelo, o robarle a mi madre, o quitarle el bolso a una pobre vieja que salía del banco tras cobrar la pensión.

»Cierto es que el tal Fernando no era desagradable, olía bien y estaba mazas. Durante la prueba hubo ratos en los que me aburrí, aprovechándolos para observar aquellas partes de la habitación que podía ver en la postura en la que estaba. Descubrí numerosos aparatos gimnásticos, pesas, bicicleta... tan habituales en los estudios de intelectuales o ejecutivos, y parecidos a los que el vasco, que es ingeniero, tenía en su casa.

»—Así que te llamas Patricia. Bueno, pues si lo deseas, ya tienes trabajo. ¿Quieres empezar ahora mismo?

»Mientras él me hablaba, yo recomponía un poco mi atuendo, el habitual desde que tengo uso de razón: pantalones vaqueros clásicos, camiseta de marca de algodón y alpargatas en verano, en invierno zapatillas deportivas.

»—Pero ¿tú crees que así como voy está bien para empezar hoy, ahora?

»No me dejó terminar la pregunta con la que, como es obvio, trataba de ganar tiempo.

»—Sí o no es lo que tienes que contestar, la ropa da igual, alguna te prestará lo que necesites para el trabajo y yo mismo te explicaré los detalles. —Llamó a un timbre y se presentó Valle—: que las chicas te dejen alguna ropa adecuada para Patricia y se la traes; mientras, yo le explico.

»Cuando nos quedamos solos, se sentó tras su mesa y empezó a hablar como si no hubiera pasado nada.

»—Es muy sencillo, Patricia. Ya he comprobado que eres muy lista, así que te cuento: en este edificio tenemos cinco pisos, 13, 15, 17, 19 y 21. Estarás una semana de prueba, cobrando el 50 por ciento y las propinas enteras. Empezarás en el 13. Las tarifas son: 1.000 pelas sólo follar; 2.500 la paja, a gusto del cliente; 5.000, manual con masaje, y 7.000 masaje completo, ya me entiendes. Si después de la prueba te quedas, pasarás al piso 15. Ahí los precios varían: 7.500, lo primero y lo segundo; 15.000 lo que sigue y 30.000 lo último. En el 17 y 19: 15, 13 y 50 mil y, finalmente, en el piso 21, 50.000, 75 y 100 mil púas... No está mal ¡eh! También puedes trabajar los sábados de 10 a 3, hora en que se acaban los servicios hasta el lunes... Las propinas, ya te lo he dicho, enteritas para ti. Pero ¡ojo!, aquí no os podéis meter de nada, más que tabaco durante las horas de descanso y en vuestro sitio, es decir, la salita de estar a la que acudís después de cada servicio y en la que esperáis hasta que os llaman. También tendrás que desplazarte alguna vez, sola o con alguna compañera, cuando el cliente lo solicite. Como es natural los desplazamientos corren de nuestra cuenta, lo que hagáis después me importa tres cojones... Otra cosa, el cliente siempre tiene razón. Ha de volver y elegirte a ti, no a otra. No olvides nunca que la mayoría os han probado a todas y os eligen y pagan, algunos muy bien, precisamente por eso. Y para terminar, el horario diario es de 10 de la mañana a 10 de la noche, con una hora para comer. Sólo se alterará a petición del cliente; ya te irás enterando de cuáles son los asiduos y potentes, unos por su dinero y otros por la posición, ¿entiendes? ¡Ah!, también tendrás que hacer servicio de hotel, cuando el cliente lo requiera. Creo que he acabado. Espera a Valle y ella te dirá por dónde empiezas... ¡Suerte, chica, eres estupenda; aquí vas a forrarte, ya lo verás!

»Y, sin más, se fue. Me quedé pensando en su frialdad. Todo me lo había dicho como si se tratara de una grabación; sin inflexiones en la voz, cálida y radiofónica, nada que hiciera imaginar que hacía unos minutos había estado conmigo en el acto más íntimo y ¿delicioso? Al menos para mí lo fue... Lo había sido, para qué te voy a engañar, madre.»

Salí de mi monólogo y la miré: no se había dormido, seguía atenta mi relato, mordiéndose los labios para no intervenir, levantarse del borde de su cama en la que estaba más acurrucada que sentada, como era su costumbre siempre que oía o leía algo que no le gustaba de sus hijos, con ganas en el fondo de darnos dos hostias, pero sobre todo de insultarnos e insultarse ella. Tenía los ojos llenos de lágrimas disimuladas tras las breves gafas de ver, apoyadas sobre la nariz y que apenas le servían para mirar a un punto fijo.

Seguí sentada en el suelo sobre unos cojines, intentando no encontrarme con sus ojos, y continué el relato:

«Fue entonces cuando regresé a tu casa a explicarte por qué había dejado de vivir con el vasco, aunque tú te enterarías de todo porque él mismo, el maldito Josechu, se encargaría de ello y llamaría cincuenta veces a tu móvil simulando que equivocaba tu número con el mío para ponerme a parir. ¿Recuerdas cuando lo conociste? Aquella noche en que te invitamos a cenar con nosotros —en realidad fue él quien quería, no yo—. Ya estaba enganchada y no deseaba que lo notaras aunque, como tú dices, eso sólo lo notas cuando los ojos son claros, como los de mi hermana, y yo los tengo oscuros. Luego fuimos al cine, al Benlliure. Hasta recuerdo la película que vimos, *Cuatro bodas y un funeral*. Nosotros la habíamos visto ya pero tú te reíste a mandíbula batiente —es lo que queríamos ambos, cada uno por un motivo—, y quedasteis encantados el uno del otro. Quedaste tan agradecida porque te habíamos sacado de casa —hacía sólo meses que había muerto Ada y te habías recluido y convertido en el ama de casa perfecta que sabes que vas a ser cuando te va a empezar una depre muy gorda.

»Pero se me ha ido la olla contándote cosas que no vienen al caso. Volvamos a la mañana en que fui a General Perón. Tras hablar con Fernando, el jefe, salí de su despacho y me encontré con Valle.

»—Vamos a ver, Patricia (era la única que sabía mi nombre de verdad). Ya has hablado con el jefe, ¿no? ¿Te ha puesto al corriente? Ponte esta ropa, te maquillas un poco y subes a la 13. Te espera un cliente para un servicio A.

»—¡No jodas!, ¿el de mil pelas? ¡Mi puta madre, empiezo bien!

»—Te voy a dar un consejo si me lo admites, guapa, procura hablar mejor cuando estés con los clientes porque como se entere Fernando...

»Me callé y me vestí con una falda corta, una camisetita mínima, medias negras y zapatos de tacón. Todo perfecto, me estaba como un guante, pero no dije nada. Me había caído mal la tía al decirme cómo tenía que hablar, así que abrí la puerta y me dirigí a la 13 y que fuera lo que tuviera que ser. Si no salía bien, me iría a la calle y no volvería más. Te puedes imaginar la impresión cuando al entrar encontré a un tío sudoroso, ataviado con traje oscuro de chaqueta, una camisa blanca empapada y una corbata horrorosa que le hacía resaltar la sotabarba. Eché una ojeada a la habitación en penumbra y distinguí una cama de esas que llaman de "matrimonio cariñoso" ya dispuesta. El hombre puso mil pelas nuevecitas sobre la mesilla y empezó a desnudarse. Tuve que volverme para no soltar una carcajada. Era un número completo, el pobre, y tuve deseos de salir corriendo, tenía la puerta enfrente porque la habitación era pequeña, pero empecé a desnudarme a toda prisa para acabar pronto. "Ven, caramelito, que ya estoy todo para ti..." Me entró la risa, encima un jodido cursi. Me tumbé, fría como un carámbano y eso entusiasmó al tío, que empezó a chuparme las tetas como loco y luego siguió bajando, deteniéndose en el ombligo hasta que llegó al coño... ¡perdón!, al pubis, y allí se detuvo sin atreverse a meter la lengua dentro. Cerré los ojos y pensé en

Brad Pitt, que fue el primero que me vino a la mente. ¡No estaba tan mal! Hasta que recordé que sólo eran mil pelas y el mono empezaba a acuciar. ¡Anda que no iba a tener que follar como no me sacaran pronto de allí! Así que me puse encima —me había dado cuenta, cuando avancé la mano por sus partes, de que la tenía pequeña— y empecé a trabajar. Hábilmente le coloqué una goma, porque él no lo había hecho, y seguí antes de que me la metiera... En un minuto había despachado, pero él quería más. "Lo siento —le dije—, me esperan." En ese momento sonaba el teléfono; era Valle para comunicarme que tenía otro cliente en la 21... ¿la veintiuno?, eso es otra cosa... Se me olvidó que hacía unos minutos había pensado en irme. Bajé corriendo y ni me despedí del cliente, no creo ni que me hubiera dejado propina. No importaba.

»—Venga, chica, date prisa que te espera un bombón y podría decirse que *glacé*; en fin, ya me dirás.

»Subí corriendo, alisándome el pelo, estirándome las medias y comprobando que la costura estaba derecha, un detalle decisivo.

»¡Guau, cómo estaba el chico! Joven, rubio, alto, de "crujir", vaya, como me has contado tú que decía Pepe Isbert cuando veía una señora estupenda. No se podía quedar, me dijo al entrar mientras tapaba con la mano el micro del móvil por el que hablaba. No obstante me besó y puso en mi mano veinticinco mil pelas... no lo podía creer... mientras me aconsejaba que las guardara y no dijera nada. Volvió otro día y preguntó por mí; no te cuento más ahora porque si no no acabo...

»Bajé y le dije a Valle que saldría a comer algo, tenía un hambre feroz... "No, bonita, no, tú no puedes salir de aquí hasta las diez, ni a comer. Si quieres te pido algo por teléfono a la cafetería de al lado." "No me había dicho nada Fernando y pensé que habría un tiempo para comer." "Sí, pero sin salir. Anda, sube a la 15, a la salita donde están las otras chicas y yo te lo subo; de paso las conoces, ¿te parece?"

»No paré en todo el día, que se me hizo muy largo y el mono inaguantable. De entre las chicas había alguna que conocía de cuando iba a pillar, a otras, incluidas las sudacas y una negra, no las había visto en mi vida. No hablamos de nada trascendente, porque ellas estaban hojeando unas revistas del corazón y yo hice lo propio hasta que Valle apareció con una bandeja en la que había un plato preparado que a mí me pareció repleto de manjares, aunque en otro momento lo hubiera revuelto y no habría probado bocado. Me lo comí y rebañé incluso. Pero notaba mi ansiedad porque encendía un pitillo con otro y me comía lo poco que podía de mis mordidas uñas, cuando acabé con el esmalte. Gracias a eso y a las muchas Coca-Colas que me metí en el cuerpo, aguanté, y en cuanto dieron las diez me largué corriendo, sin pararme siquiera a cobrar. Tenía dinero de sobra para esa noche y hasta para el día siguiente. Entré en la cafetería para llamar al cundero, pero recordé que no llevaba suelto y pedí un botellín de cerveza bien fría, que apuré de un trago. Saqué un billete de cinco nuevecito y arrugado y lo puse sobre el mostrador, mientras esperaba al colega de la cunda para ir a pillar, pedí un anís con hielo que también acabé de un trago, y no porque me gustara beber sino porque mitigaba el mono. Pero no me hizo nada, ya era un monazo. Por suerte el fulano no tardó; le había dicho por teléfono que el viaje lo pagaba yo solita.

»Era un buen chaval andaluz, en paro, casi un amigo. Se llamaba José y estuvo enganchado pero lo pudo dejar y en la actualidad sólo consumía hachís, tabaco y una raya de coca cuando se la daban en lugar de dinero. No podía sisarle un duro a su parienta, la segunda, que lo tenía siempre controlado a través del móvil. La tía, en cuanto lo pescó, se dedicó a marujear en la casa y a malcriar a dos chavales, que había aportado como dote. La realidad es que era mayor que él y muy zurrada y tenía unos celos del demonio, porque el tío, hay que decirlo, estaba más bueno que el pan. Tuvimos suerte y nos plantamos en nada en el "super-droga" gitano. Habían tenido movida con la pasma y cuando eso sucede, los tábanos, como los llamamos, se vuelven más cautos y chorizos por si vuelven. Esta vez no lo notamos tanto porque llevábamos pasta y no regateamos como es habitual, aunque tampoco pudimos ver ni probar lo que nos daban, que fue mierda pura, cortada quién sabe con qué putos demonios. A mí me dio un sarpullido de la hostia y creo que a otros colegas también. Estuve casi hasta la hora de ir al trabajo tomando potingues y poniéndome pomadas para arreglarme la cara al menos, el resto del cuerpo lo disimularía con luz tenue. Lo importante era que ni Valle ni Fernando se dieran cuenta.

»Aquella noche me quedé con José, el de la cunda, en un garito donde guardaba trastos de su primer matrimonio; vi lo que me pareció una cuna de madera, desarmada y algún otro mueble para los bebés. No le pregunté pero supuse que serían del suyo; tampoco venía a cuento, porque lo más seguro es que no volviera a verle... Había cerrado el móvil y no dejó ni contestador, con lo que la parienta lo recibiría furiosa, pues era una tía de armas tomar. Cuando a las ocho más o menos salimos, era de día con un sol que ya calentaba lo suyo. "¿Dónde te dejo?" "¡Aquí mismo!" Fue cuanto hablamos, y salió zumbando como alma que lleva el diablo. Lo habíamos pasado francamente bien en la cama. ¡Cómo se lo hacía el tío! Y a pelo... ¡Qué peligro!... Lo pensaría luego, porque estaría bueno que a estas alturas me hubiera pegado algo... ya me entiendes.

»Miré el reloj, tenía el tiempo justo para darme una ducha, llamarte por teléfono y disculparme por no haber ido a casa a dormir. Rebusqué en el bolso, me quedaban mil duros, algo de material y alguna ropa de trabajo que me prestó Carla, una compañera que me había encontrado en el Vertedero. Estaba muy cerca del trabajo. Creía recordar que enfrente se alquilaban apartamentos por horas y no resultaban caros, así que hasta allí dirigí mis pasos, con la esperanza de que podría ocupar uno por dos horas, el tiempo justo de darme una ducha y maquillar un poco los desconchones de la cara. Maquinalmente pensé en vivir en un hotel, pero la idea no me convencía; tenía claro que a casa del vasco no podía volver, así que me vino de perlas que tú llamaras —supongo que lo hiciste porque tenías la mosca detrás de la oreja, ¿o me equivoco?— y me pidieras que fuera a tu casa para echarte una mano y, si podía, quedarme a dormir. Recuerdo que sólo te dije que llegaría un poco tarde, para qué iba a darte más explicaciones.

»Tú, supongo que con olfato de madre, pronto descubriste una bolsa en mi cuarto con la ropa que usaba para el trabajo. No te pareció la adecuada para un trabajo normal, ¿cierto? El caso es que me preguntaste y te dije que era de una amiga del curro que había tenido que salir corriendo fuera de Madrid, porque su única hija, de corta edad, se había puesto enferma. Claro que no te tragaste la trola, lo sé. La chica existía, tú la conociste, tenía un hijo de meses, no una niña, pero, lo que son las casualidades de la vida, se dedicaba a lo mismo que yo y por idéntico motivo.

»Así empezó todo, pero me vas a perdonar, querida madre, porque no aguanto más y son casi las siete, el tiempo justo para dar una cabezada y salir zumbando.»

Fui a darte un beso y estabas dormida, con las gafas ladeadas —que te quité—. Apagué la luz. Ya seguiría...

Pasaron muchos días, quizá meses, hasta que reanudé el relato. A veces me lo impidieron las ocupaciones de mi madre, que estaba escribiendo, hablando por teléfono o, sencillamente, haciendo cosas en casa —rara vez la encontraba de brazos cruzados—. Otras porque había gente o había salido y la mayoría, por mi hora de llegar, prácticamente a la que ella se levantaba. Yo me acostaba o me metía al baño y a veces, las más, agotaba las horas, perdía el tiempo en maquillarme un poco o intentar quitarme un granito con un alfiler, una pequeña costra o un pelo vuelto y dejarme la cara hecha una pena, con lo que tenía que remaquillarme para remediar el desastre. Mi único objetivo era aguantar y tirarme el resto del día sin que se me notara el mono, para luego salir cruzando los dedos hasta que pasara un taxi libre y llegar volando a pillar.

Conocí durante ese tiempo a varios personajes famosos que fueron clientes fijos desde el primer momento. Cuando hable sobre ellos, esa frase tan oída de «la ficción supera a la realidad» quedaría en agua de borrajas.

Después de mi noche con José, el de la cunda, tuve suerte. Llegué al trabajo a las diez y tres minutos. Valle estaba esperándome para un servicio fuera de allí, en un hotel cinco estrellas muy conocido.

CAPÍTULO DIEZ

Mi primer servicio a domicilio: un conocido letrado que quiere sadomasoquismo con dos mujeres, una morena y otra rubia. Las excentricidades sexuales de los tíos son infinitas.

Llegué con el tiempo justo para no hacer esperar a Valle que no aguantaba los retrasos. Había cogido un taxi y, cuando llegamos, le dije que me esperara porque íbamos a seguir. Pedí las señas a Valle. «Toma y vete ya, que te estará esperando otra chica en casa del cliente.» Me dio unos cuantos billetes que no conté con las prisas, pero debían ser quince o diecisiete mil pesetas... «No olvides pedirle un justificante al taxista para que la empresa pague después.» Era un cielo de tía, siempre pendiente de nosotras. Le pedí al taxista que me llevara por el camino más rápido, íbamos a la Castellana, entre la glorieta de Castelar y la de Colón. (Juraría que había hecho este camino no hace mucho.)

Como el tráfico, a pesar de la hora, era bastante fluido, antes de que me diera tiempo a dormirme —tenía un sueño de la hostia—, llegamos a la casa. Dejé una buena propina y el taxista me deseó un servicio breve y rentable, ¿conocería al famoso letrado cuyo nombre de guerra era Edu?

Estaba de Dios que aquel día todo iban a ser sorpresas, porque me abrió la puerta mi colega Carla. ¿Recuerdas que te dije que la ropa que encontraste en casa era de una chica que había tenido que irse fuera de Madrid porque su hijo se había puesto malo? Era la misma y, lo mejor del caso: ¡claro que me sonaba el camino! Ella misma me había pedido que la acompañara a hacer un servicio a un cliente que quería una morena y una rubia (como don Hilarión el de la zarzuela) y le gustaba el sadomasoquismo, lo que llaman porno duro.

Guiada por Carla llegué hasta la habitación del cliente, Edu para las amigas. El popular y televisivo letrado Eduardo Ramírez López, casi siempre noticia para la prensa del corazón, ya estaba desnudo sobre su enorme lecho, dispuesto a hacer y dejarse hacer perrerías. Lo saludé y él naturalmente ni me reconoció, pero me invitó a que pasara a su aseo personal, lujoso aunque sucio y desordenado o mejor puntualizaría que repleto de «pruebas de su desorden mental y sexual», porque ¿en qué mente cabe que para gozar del sexo haya que ser maltratado físicamente? A fin de cuentas eso es el sado, que como sabes lleva este nombre por su ¿inventor?, el marqués de Sade.

Carla ya estaba preparada con el uniforme sádico y me metía prisa para que me pusiera el mío y acabáramos pronto porque había quedado con su marido y luego tenía que ir a pillar, antes de salir para casa de su madre.

Me desnudé y empecé a colocarme las prendas de cuero acharolado negro y algunas de encaje del mismo tono alternado con un rojo bermellón. Las encontré sobre un taburete y casi todas estaban rematadas con tachuelas punzantes en el exterior: el liguero de encaje negro y rojo, las altas botas que me llegaban a medio muslo, el sostén, también negro y con el mismo remate que el liguero, que dejaba al aire mis breves pechos y los pezones tapados con un redondel plateado de forma cúbica y punzante en el remate central que se adhería como una ventosa. Había sido rápida pero oí la voz de Carla metiéndome prisa: «Pati, corre y sal ya que este tío se nos duerme y luego no hay quien lo resucite.» Me di prisa y coloqué sobre mis ojos un antifaz, lo único que quedaba sobre la banqueta. Saqué de mi bolsa de pinturas una barra de labios de color negro brillante y me pegué unas estrellas junto a la boca y corazones rojos y negros por los hombros y junto al ombligo. ¡En fin!, que me decoré como si fuera el anuncio de un *sex-shop*.

Salí del baño tarareando una musiquilla triunfal. Carla me esperaba con unos guanteletes rematados igual que el resto con espinos de acero, un látigo de los que usaban los torturadores —me imagino— de la Inquisición y alguna mierda más para producir dolor. «La otra vez, cuando estuve contigo, me salvé de que me pegara, ¿crees que hoy también tendré esa suerte?» «No creo —contestó mi compañera—, hoy, según me ha dicho antes de llegar tú, ha pagado el servicio más caro, pero bueno, dile que te pegue en el culo, que es donde duele menos.»

El cliente, que Carla había espabilado con una rayita de coca, estaba más fresco que una lechuga y dispuesto, a juzgar por su expresión, a comernos vivas... A mi compañera se le daba muy bien hablar y le dejé esa tarea a ella, mientras yo empezaba a moverme y a excitar al pavo autoflagelándome con el famoso látigo que me recordaba los de siete puntas... El tío estaba ridículo incorporado en su lecho recubierto de suaves terciopelos rojos y negros; parecía un fauno de canosa barba y cabello rizado y ralo que lucía alborotado. En la mesilla contigua, y para rematar el escenario, lucían velas que también tenían su cometido erótico: derramar la cera ardiendo por sus tetillas e ingles y lo mismo él sobre nuestro cuerpo. Así era como el Edu famoso empezaba una discreta erección, que fue haciéndose mayor a medida que la estimulábamos con pinchazos, pellizcos y latigazos por todo el cuerpo —especialmente por sus zonas erógenas, que nosotras, y sobre todo Carla, ya conocíamos.

He de decirte que también, y como música de fondo, lo insultábamos de la forma más despiadada pues era lo que a él le gustaba, en definitiva. Llegó su turno, que tanto temía y pasó de maltratado a maltratador. Empuñó el látigo y los guanteletes, y mientras una se la mamaba, la otra era fustigada, pegando más fuerte sobre las partes que decíamos que más nos dolían. Yo conseguí que me diera en el culo, que se me puso morado y negro, con arañazos sangrantes de adorno. La pobre Carla le ofreció su pecho y su pubis, rubito como toda ella. Todo su cuerpo se arqueaba de placer y yo se lo notaba en sus labios brillantes y carnosos a los que maltrataba con mordiscos para no delatarse porque, según me dijo después, le gustaba... Yo, a pesar de que sólo me zurró en el culo y en los muslos, estuve unos cuantos días sin poder sentarme.

Cuando de soslayo miré el reloj más cercano, comprobé que llevábamos allí más de dos horas; alargándolo un poco llegaríamos hasta las diez, nuestra hora oficial de salir, con lo cual nos llevábamos cada una cincuenta billetes de los grandes, más la propina, generosa en este caso porque el cliente lo era.

A lo que nos negamos fue a servir de maestras de sado duro a las amiguitas con las que salía en la tele y en las portadas de las revistas del corazón. Pero fíjate qué asco, gracias a sus gustos sadomaso este tío se convirtió en el abogado de moda, y sus servicios eran requeridos por famosas y famosillas que se creían que era un portento en la cama y lo envidiaban, cuando lo único que resultaba ser era un pobre hombre que había llegado a su ocaso sexual, a quien sólo se le ponía tiesa y dura a base de dinero, claro está que sus minutas se habían triplicado...

Otro cliente famoso y fijo que desde el primer día me eligió a mí y cambiaba el horario con tal de que fuera yo y no otra la que le prestara el servicio, fue, y no te lo vas a creer, el importante Jonás Ruiz Lozano, magnate de la comunicación y por ello del barómetro de la alta política; siempre presente y decisivo en todas las mesas de negociaciones nacionales e internacionales. Solía llegar a la hora de comer y, todo hay que decirlo, era bastante tacaño y no creas que elegía el servicio más caro.

Cuando me prefirió a mí, que desplacé a una veterana y cotizada profesional de la casa, estábamos casi al completo. La única que no había ido al trabajo era Valle, la recepcionista, ya que tenía un cliente enamorado de su voz que sólo la quería a ella.

Jonás —te juro que ni él ni yo sabíamos al principio quiénes éramos— se reía y relajaba mucho conmigo cuando le metía prisa para que se quitara la camisa y la corbata, que me parecían una cursilada y me recordaban a los modelos gays que desfilaban por las pasarelas internacionales luciendo modelitos para las niñitas pijas de mi infancia. Siempre iba conjuntado, si la camisa tenía fondo rosa, el dibujo era de rayitas azul marino o rosa más intenso y la corbata y los gemelos a juego.

A éste le gustaba ponerse prendas de mujer y que le enchufara electrodos a las tetillas, aumentando la intensidad hasta que daba saltos en la cama; me pedía que pusiera la habitación en penumbra y una vez creado el clima le daba un masaje manual y mecánico hasta que se relajaba y quería que lo regara con una lluvia dorada, que no es otra cosa, como supongo sabrás, que una meada caliente a unos veinte centímetros de distancia, cuyo asqueroso vaho me tragaba yo y tenía que hacer esfuerzos por no devolver.

Se quedaba hasta dos y tres horas —no pagaba más— y había veces que llamaba personalmente por teléfono para reservarse una hora distinta, porque un viaje o un almuerzo imprevisto le impedía acudir a la cita tácita que teníamos. Me caía bien, era distinto del resto de los «clientes» y mantenía conmigo una conversación amena y culta. A veces me relataba sus viajes y los importantes personajes políticos e intelectuales que había conocido. Su ideal político se centraba en los liberales norteamericanos y hablaba en inglés, con lo que yo aprovechaba y le contestaba en el mismo idioma, siendo consciente de que las lenguas hay que utilizarlas para que no se oxiden. Fue además de un cliente, casi un amigo, algo muy raro en este trabajo, hasta que todo dio al traste porque un día se me ocurrió darle el teléfono de tu casa y la dirección, además de mi auténtico nombre. Entonces me preguntó, realmente sorprendido, si de verdad yo no sabía quién era él y se lo juré con tal fuerza que no lo dudó. Lo que también he de decirte es que jamás follé con él.

En cierto modo —hago un inciso—, reconoce que me podría haber forrado si voy de tertulia en tertulia dando pelos y señales del pobre e importante Jonás, en plan prensa del corazón como hacen ahora muchas pedorras.

Otro de los clientes famosos fue un cantautor que lleva muchos años en la brecha. Éste, que como muchos otros se parece al perejil pues aparece en todas las salsas, cambiando de país y de continente igual que quien se va a la costa más cercana en avión, en coche o en tren, es otro de los que, aunque pasen los años, sigue siendo el amor de quinceañeras y maduras. Aparece en la prensa, produciendo la envidia de quienes tienen su edad por su vitalidad en todos los órdenes. Le da a todo: coca, caballo, hachís, marihuana y copas; también al sexo y como no se le levanta emplea la coca o el estimulante que sea. Aun así, como tarda horas en conseguir una erección, ha de contratar a profesionales como yo o alguna de mis compañeras para que lo logren como sea. Es generoso, suelta el dinero a manos llenas y también el material que cada una prefiera.

Te he contado tres casos, pero hay muchos más que gastan parte de su fortuna en putas, si son caras mejor, y si no baratas...

¿Cómo fue que pasé de puta de lujo a callejera? Llevaba diez meses o más trabajando una media de doce a catorce horas diarias; lo único que deseaba era descansar, dormir y relajarme. Gané mucho dinero, pero también lo gasté y no me queda ni un duro.

Aparecieron muchos «amigos». Yolanda la mayor —Yola— se deshacía conmigo mientras antes, si no era a cambio de algo, era incapaz de darme ni una chinita para un porro. Proclamaba a los cuatro vientos que estaba desenganchada, pero me llamaba cuarenta veces para pedirme que, de vuelta a casa, no importaba la hora, me pasara por la suya, a la que antes no me invitaba, para que le llevara algo de caballo porque era lo único que le aliviaba los dolores que la tenían postrada durante todo el día, más una larga enfermedad de yonqui. Yo, como una idiota, picaba y encima luego me echaba la culpa de su nuevo enganche —siempre decía que podía dejarlo, y a pelo, cuando quisiera—. También gastaba mucho dinero en taxis, en hoteles y en comprarles caprichos a mis hermanos y a mis amigos, o a los que creí que lo eran... Ahora no me queda ninguno y ni siquiera tengo hermanos.

Pero a lo que vamos, ¿por qué dejé aquello y ahora sigo en la calle? Ese ritmo de trabajo no hay quien lo lleve durante tanto tiempo, porque como si no sigues enganchada no puedes continuar, no duermes y te gastas todo en más y más drogas, unas para despertarte y otras para relajarte... una pescadilla que se muerde la cola. También compras tratamientos «milagrosos» para dejarlas, cuando ya no te queda dinero para ingresarte en una clínica privada o en una residencia de lujo... nada, madre, que yo he nacido para cigarra, no para hormiga como algunos de mis hermanos, los mismos que no quieren saber nada de mí.

Termino porque me estoy cabreando y voy a acabar cagándome en lo divino y en lo humano... Perdona que sea tan mal hablada y blasfema, pero hoy más que nunca estoy convencida de que Dios es un invento sociopolítico para callar al pueblo y a los medios de comunicación. Te quiero, madre. Besos en tus lunares, guárdalos bien para cuando yo no esté.

P. Y.
(*Tu último bebé*)

Epílogo

Al terminar de escribir estas páginas respiro hondo pero llevo tres noches y tres días durmiendo un par de horas y no seguidas... Quien me conozca sabrá cómo quiero a todos mis hijos y también que he sido siempre una defensora acérrima de los derechos de libertad en todos los órdenes. He ido oyendo a mi hija más pequeña, «mi último bebé» —como ella misma firma—, con su cálida voz que tanto me recuerda a la mía, ir contándome con el corazón en la mano y como sólo se hace en una confesión de última hora, su vida; sus entresijos, desnudando su alma o lo que sea que le da principio; repitiéndose, a veces, no sé si para hacer más consciente el drama...

«Mi último bebé» es, como podéis comprender, el mayor fracaso de mi vida, como madre y como mujer pensante que ha pasado su existencia luchando por las libertades, individuales y colectivas, de las mujeres, del sexo y de las creencias... Creo que esto hará meditar a muchas que como yo sufren esta pena y no han sido capaces de contarla ni en confesión por miedo al qué dirán o al vacío social. Yo sólo les puedo decir que estoy horrorizada y no comparto nada...

Pero, como siempre, me río hasta de mi sombra y recuerdo aquel chiste que se contaba al principio de la transición política y social de este querido país nuestro: «Un padre humilde, extrañado de que su hija más pequeña haga una vida de boato y dinero no acorde con la posición económica que ocupan, y de que vista con prendas inaccesibles para su economía, además de viajar y codearse con la crema de la sociedad, le pregunta un día, alarmado, si es cierto lo que le han dicho —él, católico incombustible y gente de orden—: que se había hecho protestante. La hija lo niega con ahínco y le hace a su vez esta pregunta: "¿No te habrás confundido con prostituta?" "¡Ay, hija, qué peso me quitas de encima, porque eso no me importa!".»

A mí, les prometo que lo del protestantismo me importaría un bledo; lo otro sí me importa y no sólo eso, me produce un terrible dolor en las entrañas, allá por donde la crié, que no había sentido desde que me olvidó el amor. Me reafirmo en mis ideas y sigue viviendo en mi casa, me importa una higa lo que digan los demás y hasta mis otros hijos, hasta que acabe conmigo y con los que me rodean... Sólo el amor, y lo digo siempre, salvará, si ello es posible, a los drogadictos, a los desahuciados por sida y otras enfermedades que, como el cáncer, la tuberculosis... y el hambre, diezman a la humanidad y se ceban con la infancia. No obstante, pedimos ayuda a quienes corresponda, ellos saben de quiénes hablo. Salud y libertad para todos.

Raquel HEREDIA
Madrid, marzo de 2002

Este libro se terminó
de imprimir en Lavel
en abril de 2002